高校“专创融合”教育及其发展研究

◎覃伟丽 著

湘潭大学出版社
XIANGTAN UNIVERSITY PRESS

图书在版编目（CIP）数据

高校“专创融合”教育及其发展研究 / 覃伟丽著.
湘潭 : 湘潭大学出版社, 2024. 8. -- ISBN 978-7-5687-1513-3
Ⅰ. G649.2
中国国家版本馆 CIP 数据核字第 2024JU8581 号

高校“专创融合”教育及其发展研究

GAOXIAO “ZHUAN CHUANG RONGHE” JIAOYU JI QI FAZHAN YANJIU

覃伟丽 著

责任编辑：刘文情
封面设计：张 波
出版发行：湘潭大学出版社
社 址：湖南省湘潭大学工程训练大楼
电 话：0731-58298960 0731-58298966（传真）
邮 编：411105
网 址：http://press.xtu.edu.cn/
印 刷：长沙鸿和印务有限公司
经 销：湖南省新华书店
开 本：787 mm×1092 mm 1/16
印 张：12
字 数：235 千字
版 次：2024 年 8 月第 1 版
印 次：2024 年 8 月第 1 次印刷
书 号：ISBN 978-7-5687-1513-3
定 价：60.00 元

PREFACE 前言

在21世纪这个知识经济和创新驱动的时代，高等教育面临着前所未有的挑战和机遇。一方面，传统的专业教育需要不断更新和深化，以适应科技和社会的快速发展；另一方面，创新创业教育日益受到重视，被视为培养创新型人才、推动经济社会发展的关键。在这样的背景下，“专创融合”——即专业教育与创新创业教育的深度融合，成为高等教育改革的重要方向。

本书《高校“专创融合”教育及其发展研究》旨在全面、系统地探讨“专创融合”的理念、理论基础、实施路径和发展策略。笔者希望通过本书的阐述和分析，为高校教育工作者和实践者提供有益的参考和启示，推动“专创融合”教育的深入发展和实践创新。

在第一章中，提出了“专创融合”问题的背景和重要性，分析了“专创融合”教育的概念和内涵，探讨了其认识基础和新视域。笔者认为，“专创融合”不仅是教育理念的创新，也是教育模式的变革，它强调在专业教育的过程中融入创新创业的元素，培养学生的创新精神、创业意识和创业能力。

第二章中，笔者深入探讨了高校“专创融合”的理论基础。包括人的全面发展理论、建构主义理论、创业胜任力模型理论、素质教育理论和多元智能理论等。这些理论为“专创融合”提供了坚实的支撑和指导，帮助我们更深入地理解“专创融合”的内涵和价值。

第三章中，以G学院为例，分析了高校“专创融合”的现状和问题。通过对G学院“专创融合”实践策略与问题表现的分析，揭示了高校“专创融合”过程中的一些共性和个性问题，为后续的探讨提供了实证基础。

第四章中，重点探讨了高校创业教育与专业教育融合的实施路径。包括原则厘定、理念转变、培养机制创新、评价体系变革、师资队伍构建和支持体系等。这些内容是

“专创融合”教育的具体实施步骤和方法，对于高校来说，具有重要的指导意义。

第五章中，介绍了高校“专创融合”的教改实践。包括教改方向、实践路径和成果体系与深化趋势等。通过对这些教改实践的分析和总结，希望能够为其他高校提供借鉴和启示。

第六章中，提出了高校创新创业教育与专业教育融合的优化策略。包括加强顶层设计、建设创新性融合课程体系、加大教师培养力度、搭建共享型实践平台等方面。这些策略旨在进一步提高“专创融合”教育的质量和效果。

第七章中，探讨了高校“专创融合”教育的发展创新策略。将“专创融合”与“因材施教”“翻转课堂”“学创矛盾”和通识能力培养等教育理念和实践相结合，展示了“专创融合”在多个方面的应用潜力和创新空间。

在编写本书的过程中，笔者参考了大量的学术文献和实践案例，汲取了众多专家学者的智慧和经验。在此，要向所有参考文献的作者表示衷心的感谢。同时，也要感谢所有为本书编写提供支持和帮助的同仁们，他们的辛勤工作和无私奉献使得本书得以顺利出版。

最后，希望本书能够引起广大高校教育工作者和实践者对“专创融合”教育的关注和思考，共同推动“专创融合”教育的深入发展和实践创新。同时，也期待与广大读者共同探讨和交流，共同推动高校“专创融合”教育领域的学术进步和实践发展。

CONTENTS

目　录

第一章　认识“专创融合”

在21世纪的前20年里，随着国家对创新创业的日益重视，创业精神、创业教学和创业孵化等概念逐渐融入国内高等教育体系，成为教育策略与模式的重要组成部分。国家不仅出台了一系列相关政策，还逐步细化了实施规则，并提供了具体的指导性意见，为高校开展创业教育提供了明确的方向和支持。

在这一背景下，高等院校积极响应国家号召，纷纷投身于创业教育的理论研究和试点项目。高校不仅致力于培养学生的创业意识和创业能力，还通过与企业、社会机构等合作，为学生提供实践机会和孵化平台，营造了浓厚的“大众创业、万众创新”的改革氛围。

值得一提的是，创业教育已不再仅仅是一项应对大学生就业问题的政策行动。如今，它已经成为高校更新创新创业人才培养观念、提升人才培养质量的重要途径。高校通过创业教育，不仅培养了学生的创新思维和创业能力，还提升了学生的综合素质和社会责任感，为培养未来社会的创新型人才奠定了坚实的基础。

第一节　“专创融合”的提出

在现今的知识型社会中，知识已成为推动社会进步和经济发展的核心动力。在这样的背景下，将创业精神与专业学科相融合显得尤为重要，这不仅是可行的，而且在很大程度上是不可或缺的。这种融合不仅符合知识型社会和经济的特征，也为高等教育机构提供了新的使命和机遇。

高等教育机构，尤其是高校，作为知识的集中地和智慧的源泉，承担着创造、维护和传播高深知识的关键角色。因此，高校不仅是培养传统专业人才的重要场所，更是培养创业型人才的战略高地。这种培养不是与专业学科相分离的，而是需要充分利用高校在专业知识创造、维护和传播方面的独特优势，将创业教育与专业教育紧密结合，共同促进各个领域的知识型创业者的发展。

政策层面也对此给予了明确支持。《关于深化高等学校创新创业教育改革的实施意见》明确指出，高校应根据自身的人才培养定位和创新创业教育目标，推动专业教育与创新创业教育的有机结合。这不仅要求优化专业课程设置，还需要深入挖掘和丰富各类专业课程中的创新创业教育资源，实现在专业知识传授的同时强化创新创业教育。

2018 年，三部委联合发布的《关于高等学校加快“双一流”建设的指导意见》进一步强调了这一点，提出要加强创新创业教育，促进专业教育与创新创业教育的深度融合，探索跨学科、跨院系、跨专业培养创新创业人才的新机制。这显示了创业教育与专业教育有机结合在当前高校专业人才培养模式改革和创业教育深入发展中的核心地位。

综上所述，将创业精神与专业学科相融合不仅是适应知识型社会和经济发展需要的必然选择，也是高等教育机构，特别是大学，在人才培养模式改革和创新创业教育发展中的重要方向。通过充分利用大学在专业知识创造、维护和传播方面的优势，实现创业教育与专业教育的有机结合，可以培养出更多具有创业精神和创新能力的知识型创业者，为社会进步和经济发展做出更大的贡献。

一、“专创融合”教育的提出背景

随着知识经济的崛起，创业教育与专业教育的融合成为高等教育发展的重要趋势。这种融合不仅满足了社会对创新型人才的需求，也符合知识经济时代对人才培养的新要求。

（一）知识经济发展的推动

随着知识社会的到来，知识已跃升为经济社会发展的核心动力，其重要性远远超越了传统的生产要素如土地、资本和劳动力。知识不再仅仅是一种资源，而是已经转化为一种强大的生产资本。与传统的农业经济和工业经济相比，知识经济将知识作为其核心资本，其经济活动紧密围绕着知识的生产、传播、分配和应用进行。

经济合作与发展组织（OECD）明确指出，现代经济的进步正逐步减少对传统资源的依赖，而转向以知识和智力资源作为新的增长引擎[①]研究表明，知识和智力对经济增长的贡献率在 20 世纪初仅为 5%～20%，但到了 20 世纪 90 年代，这一比率显著跃升至 70%～80%。这意味着，现代经济的效率不仅依赖资本和劳动力的投入，

① 杨玲：《知识流动与创新活动空间分布：理论、模型与实》，清华大学出版社 2016 年版。

更依赖科技知识的生产和应用。从宏观角度来看，知识社会的核心生产活动已转向知识信息的处理。

随着知识经济的蓬勃发展以及与知识相关的技术的飞速进步，全球经济结构经历了深刻变革。自 20 世纪 70 年代以来，工业经济逐渐衰退，其产值比重不断下降。与此同时，知识经济迅速崛起，知识产业比重持续上升，知识型劳动者在劳动力市场中的比例也在增加。以美国为例，2009 年至 2019 年，尽管美国出台了一系列政策恢复制造业，增加就业岗位，但是 2019 年美国制造业就业人数已经从 2009 年占本国总就业人数的 8.61%下降到 8.19%。反倒是知识型就业岗位在不断增加①。这些数据清晰地表明，随着知识在社会经济中的地位和价值不断提升，从事知识生产、传播和应用的群体在社会劳动力结构中的地位日益重要，逐渐成为主导力量。

面对知识经济的挑战，高等教育领域对人才培养模式的重新审视与改革显得尤为重要。高等教育通过不断创新人才培养模式，提高人才培养效率来满足社会对人才的需求，不仅是知识经济发展的需要，更是社会进步的必然要求。在知识经济的浪潮中，人才需求的变革呈现出多维度和深层次的特性。（1）从对单纯技能的掌握转向对智能人才的培养。智能人才的培养不仅要求青年学生掌握扎实的技术知识，更强调他们主动精神的激发和创新能力的提升。这意味着，学生需要具备基于技术知识的创新和创造特质，以适应快速变化的社会需求。（2）从单一的专业型人才向复合型人才的演进。在工业经济时代，传统教育侧重于专业知识的传授和专业技能的打磨。然而，在知识经济时代，除了基本技能和核心技能外，个体的人际沟通能力、独立工作态度和团队意识等非技术性因素也显得愈发重要。高等教育需要打破学科壁垒，加强跨学科教育，以培养出既具备专业知识又拥有综合素质的复合型人才。（3）从应用型人才向创新型人才的转变。培养创造性思维和能力将成为高等教育人才培养模式改革的重要使命。这些转变不仅反映了经济社会发展的内在要求，也为高等教育人才培养模式的改革指明了方向。高等教育需要紧跟时代步伐，不断创新人才培养模式，为知识经济的发展提供有力的人才支撑。

（二）创新型国家对人才的要求

迈入 21 世纪，我国经济转型的核心战略任务聚焦于两个方面：优化经济结构和改进经济增长方式。经济结构的优化旨在促进第三产业和高新技术产业的蓬勃发展，而

① 刘戒骄：《美国制造业复兴困境与启示：保护主义政策失灵的现实考察》，《北京工业大学学报（社会科学版）》2020 年第 5 期。

增长方式的改进则强调通过科学和技术，利用知识的社会生产参与，释放其溢出效应，成为转型的核心驱动力。在这一进程中，创新成为经济转型发展的知识和技术支撑，通过创新驱动发展，推动经济社会全面转型。创新驱动的本质在于充分发挥科学知识对经济社会的引领和支持作用，提升技术知识对社会和经济的贡献能力。随着全球竞争的加剧，科技和人才已经成为国家间竞争的核心力量。因此，“走自主创新道路，建设创新型国家”以及“实施人才优先发展战略和人才强国战略”成为时代的强音和国家的战略需求。

在这一大背景下，高校的地位和作用尤为重要。作为知识创新的源泉和国家创新体系的重要组成部分，高校不仅承担着传承和传播科技文化知识的使命，还是新技术、新文化、新知识的研究和创造的重要基地。高校是知识创新的主力军、科技创新的生力军、制度创新的先锋队。在全球范围内，将高校创业教育提升到国家战略层面并纳入创新体系，已成为共识和行动。高校大学生作为未来创办新企业的生力军，以及校企间知识流动和技术转移的重要桥梁，他们的创业意识、创业知识、创业能力和创业品质的培养，对于将知识和技术转化为现实生产力具有至关重要的作用。如何在高校创业教育中提升大学生的创业意识、拓展创业知识、增强创业能力、塑造创业品质，确保创业型人才将知识和技术转化为现实生产力，是创新型国家和人才强国战略对现代高校创业教育的时代要求。

高校大学生通过创业，将所学的知识与技术转化为实际的生产力，不仅为经济繁荣注入了新的活力，更成为推动社会进步的重要力量。以美国为例，高校创业的成功案例不胜枚举。据考夫曼基金会 2009 年的报告，麻省理工学院校友和教师创办的公司，其年销售额保守估计高达 2 万亿美元，足以跻身全球最大经济体的前 11 名，其经济收益更是使其位列世界经济强国的前 17 位。同样，斯坦福大学也为硅谷输送了大量的创业人才，据统计，硅谷 60%～70%的公司是由斯坦福大学的师生创办的。然而，与日益活跃的创业活动与创业实践相比，我国高校创业教育的发展还存在明显的滞后性。在微观层面，一个个创新个体在非理性竞争下的低效努力极容易导致他们自我懈怠和自我消耗。在宏观层面，由于课程或项目扎堆和雷同，往往停滞于形式或内容上的简单重叠、复制和克隆，缺乏原创性，无法激发创新力的“井喷”。缺乏创新力的高校创新创业教育体系必定缺乏核心竞争力，导致整体上呈现出内卷化的状态，即无强盛的繁荣。创新创业成功案例往往具有情境特殊性或“偶然性”，难以复制和借鉴，导致应用效果差和示范效应不足，这在中观层面表现为高校创新创业教育范式的内卷化，即无跃迁之维持[1]。

（三）高校功能的拓展与高校转型的要求

从历史的角度来看，自中世纪至18世纪末，高校的核心职能被定位为“教学”，正如纽曼所提出的“传播知识、培养人才”的大学理念。然而，自19世纪起，随着两次学术革命的到来，现代高校经历了两次重大的转型，其职能定位也不断得到扩展。第一次学术革命发轫于19世纪初德国洪堡大学的改革，将“研究”作为高校的另一项核心职能，从而催生了“研究型大学”，即“创造知识、培养人才”的“教学与研究并重”的高校职能观。第二次学术革命则始于20世纪中叶，特别是自20世纪80年代起，高校除了承担“教学”和“研究”职能外，还承担了推动经济发展的任务，即威斯康星理念所倡导的“传播知识、创造知识、应用知识、培养人才”的“教学、研究、社会服务三位一体”的高校职能观。因此，现代高校的三大职能围绕“知识的传播、生产、应用”展开。特别是随着“社会服务”职能的引入，高校通过科技创新和人力资本的生产，日益成为提升国家核心竞争力和推动经济社会发展的重要力量。官产学协同创新已成为国家或区域经济发展的基石。如今，“创业”已成为大学社会服务职能不断扩展和延伸出的新使命，并催生了“创业型大学（Entrepreneurial University）”这一全新的高校理念和模式。

美国高校经历了从教学型大学到研究型大学，再到创业型大学的线性发展过程。美国高校的这种转型不仅推动了大学生的创业活动，而且这些创业活动也促进了高校创业教育的发展。在培养新创业者、增加就业机会的过程中，美国高校开展的创业教育发挥了重要作用。从百森商学院、哈佛大学、斯坦福大学、麻省理工学院等个别高校的率先垂范，到1500多所大学的协同运作，创业教育在美国得到了广泛推广。美国著名的两条高科技工业经济带，一条是东海岸从纽约到波士顿的128号公路经济带，另一条是西海岸加利福尼亚州从旧金山到洛杉矶的硅谷经济带。这两个经济带的奇迹与美国麻省理工学院和斯坦福大学这两所典型的创业型大学密切相关。这些都表明，创业型大学是现代大学发展中不可逆转的价值取向和卓有成效的办学模式。相比之下，我国高校的创业教育仍处于起步探索阶段，探索我国大学从知识型向创业型转变的道路，扩大创业教育在高校的普及和践行范围，提升高校创业教育的能力和水平，已成为高校功能拓展和转型对发展创业教育的时代要求。

---

① 孙剑萍，汤兆平：《高校创新创业教育“内卷化”的困境表征与“破卷”之道》，《现代教育管理》2023年第3期。

（四）“以创促就”的社会需求

自1999年实行高校扩招政策以来，我国高等教育的规模显著增长，现已步入大众化发展阶段。然而，这一政策的实施也导致了大学毕业生供需比例的失调，高校毕业生的就业压力持续增加，大学生就业难已成为一个普遍现象。如果这种就业压力不能得到有效缓解，将对社会就业的和谐稳定造成严重影响，同时也对高等教育的转型和发展不利。创业教育是推动就业的基础性工作，尽管在形式上以创业促进就业可能带有一定的功利性，但实质上，创业教育仍然符合高等教育和人才培养的规律。关键在于创业教育的角色定位，即培养的人才不仅仅是适应社会，而是能够主动改造社会，具备更强的创造力、创新精神和开拓能力。“以创促就”不仅没有给创业教育带来功利主义的负面影响，反而为其指明了正确的发展方向。正是由于这一目标的价值引领，创业教育能够紧密结合社会需求，找到正确的发展道路。

在1998年10月，联合国教科文组织在巴黎召开了自成立50年以来的首次世界高等教育会议，会议汇集了115位教育部长、2800多名高校校长和教育专家。会议发表的《21世纪的高等教育：展望与行动世界宣言》明确指出：“培养学生创业技能应成为高等教育的主要关注点。”会议发表的《高等教育改革和发展的优先行动框架》强调，高等学校必须将创业技能和创业精神作为教育的基本目标，并使毕业生不仅成为求职者，而且逐渐成为工作岗位的创造者。党的十九大报告中也明确指出，要培养一大批具有国际水平的战略科技人才、科技领军人才、青年科技人才和高水平创新团队。

二、创业孵化开始成为高校创业教育工作的重要内容

（一）引领大学生创业教育的潮流：创业大赛的兴起

为提升创业、就业的联动效应，国家大力鼓励并支持大学生创业，为了降低创业风险、降低创业成本，并提高成功率，自1999年起，团中央已连续举办十九届“挑战杯”全国大学生课外学术科技作品竞赛。在此基础上，清华大学成功承办了首届“挑战杯”中国大学生创业计划竞赛，此举在我国率先开启了大学生创业孵化的新篇章。这一赛事紧密结合了市场和技术服务，突显了商业性质，对培养大学生的创业精神具有显著意义。如今，创业大赛已成为各级主管部门推进创新创业工作的重要工具。自2015年起，由教育部主导的中国“互联网+”大学生创新创业大赛，已迅速发展为全国范围内参赛人数最多、项目最丰富、组织规模最大的创业竞赛。至2024年，已经成

功举办 9 届，第 9 届更是设立 216 个总决赛参赛名额。此外，还有众多以大学生为参赛主体的赛事、由各地教育主管部门组织的多样化大赛，以及各地政府为“招才引智”所举办的大学生创新创业大赛。这些大赛常常采用创业孵化的综合形式，借鉴风险投资运作模式，推动大学生的创新成果转化为实际的商业应用。回溯历史，国际上最早的大学生创业大赛可追溯到 1983 年在美国得克萨斯大学奥斯汀分校举办的首届大学生创业计划竞赛。此后，此类赛事不断催生知名企业，如伊赛和雅虎等。同样，在国内，众多知名企业如人工智能领域的独角兽企业库柏特科技有限公司，以及“互联网+公寓”领域的领军企业可遇科技有限公司等，都是通过创业大赛得到了投资人和社会的广泛认可。总体来看，创业大赛在孵化学生创业方面，至少起到了三个关键作用。

1. 全面点燃学生的创业激情

创业大赛在发挥多重作用，一方面，搭建平台，集中展示创业项目，并为风投机构提供优质的投资标的；另一方面，也具有极好的教育意义。在创业大赛的舞台上，创业者能够充分展示自我，受到鼓舞，大量学生观众及项目参与者深受启发，创业大赛完美地塑造了早期的创业文化形态，为青年学生重塑人生理想和创业激情助力。

在为武汉市人社局、武汉市人才服务中心进行的“武汉市大学生创业服务体系”调研中，超过 90%的受访创业者表示受到了创业大赛的感召。在开始创业实践之前，他们对创业大赛中优秀项目创始人的卓越能力充满钦佩，对路演者在台上“指点江山”的风采充满向往。因此，他们渴望成为优秀的一员，渴望自己也能具备这样的能力。

2. 系统诊断学生的创业项目

在创业的道路上，再完美的项目也难免会有不足之处。创业大赛作为与创业导师、投资人面对面交流的平台，为学生提供了一次全面的指导。同时，为了在路演中充分展示项目，创业者也需要对项目进行全面梳理和打磨。不仅有助于项目自身的完善，更是一次专家、同行、投资人系统诊断、改进的过程。

在这个过程中，创业者不仅需要不断提高自己的专业技能和商业素养，还要学会如何与不同的人打交道，如何应对各种突发情况。创业大赛是一个锻炼和展示自己的舞台，也是一个结识同行、拓展人脉的机会。通过与创业导师、投资人的交流，创业者可以获得宝贵的建议和资源，为自己的创业之路增添更多的信心和动力。

此外，创业者还需要注意一些细节问题。比如，在路演中要保持自信、冷静，不要过于紧张或者焦虑。同时，要注意言辞得体、态度谦虚，展示出自己的专业素养和诚意。在展示项目时，要注重细节，让投资人能够全面了解项目的情况。此外，还要注意时间控制，不要超时或者讲得太短，让投资人无法充分了解项目。

总的来说，创业之路充满了挑战和机遇，创业者需要不断学习和成长，不断提高自己的能力和素质。通过创业大赛这样的平台，创业者可以获得宝贵的指导和支持，为自己的创业之路增添更多的信心和动力。

3. 搭建创业者与资源对接的桥梁

创业大赛不仅仅是一个竞赛平台，更是一个资源对接的桥梁。它为创业者与投资人、行业专家、合作伙伴等关键资源提供了直接接触的机会。在创业大赛中，优秀的项目往往能够吸引投资人的关注，进而获得资金支持和业务合作的机会。比如，通过创业大赛这一平台，学生与风投机构之间的信息沟通更加高效和便捷。创业者可以向风投机构展示自己的项目特点、市场前景以及自己的创业理念和团队实力，从而增加获得资金支持的机会。同时，风投机构也可以通过与学生创业者交流，更加深入地了解当前创业市场的趋势和热点，为自身的投资决策提供更加准确的依据。

同时，创业者也可以通过大赛平台与同行交流，拓展人脉，寻找潜在的合作伙伴和共同成长的伙伴。除了直接的资源对接，创业大赛还为创业者提供了与政府部门、行业协会等机构的联系渠道。这些机构往往能够为创业者提供政策支持、创业指导等帮助，为他们的创业之路提供坚实的后盾。总之，创业大赛不仅促进了创业者与各类关键资源的有效对接，还为创业者的个人成长和项目的快速发展提供了广阔的空间和无限的可能。

（二）高校基础设施建设的新篇章：创业孵化基地的建立

随着创业教育的普及和创业活动的推广，越来越多的学生投身创业项目，对孵化场地的需求也日益迫切。为了支持以创业带动就业，出台了一系列政策，包括加大培训力度、提高培训质量、建立孵化基地等，以推动创业孵化基地的建设。在土地利用总体规划范围内，各地应统筹安排创业者所需的场地，为创业企业提供必要的支持和保障。高校和政府应共同合作，在已有的经济技术开发区、工业园区、高新技术园区、大学科技园区、小企业孵化园等场所，建设创业孵化基地，提供培训指导服务和政策扶持，帮助创业者提高经营管理能力和市场竞争能力。近年来，许多高校积极响应国家号召，依托自身平台建立了高校创业孵化基地，为大学生创业提供了有力的支持和保障。这些基地的建立，不仅推动了创业教育的普及，也为大学生提供了更多的创业机会和资源。

（三）推动创业教育的关键因素：创业导师队伍建设

创业团队的成长与创业基地的建设，离不开我们精心挑选的、具有丰富经验与公益心的引路人，我们称为“创业导师”。各级政府，特别是中央政府，对大学生创业导师队伍的建设给予了高度重视。在国办发〔2021〕35号《国务院办公厅关于进一步支持大学生创新创业的指导意见》文件中，提出了多项政策措施，包括健全创业人才培养与流动机制，将创业精神与创业素质教育纳入国民教育体系，以及加强创业创新知识的普及教育。共青团中央也印发了相关文件，强调了高校共青团在促进大学生创业工作中的作用。为了提升孵化质量，带动创业服务的精益发展，国家科技企业孵化器“十三五”发展规划中强调了以创业者的需求为导向，扩大创业服务供给，强化“创业导师+创业辅导师”制度和职业化管理服务队伍建设，扩大孵化器与第三方专业服务机构合作。实际上，地方政府部门以及各高校都已经建立了多支不同类型的创业导师队伍。以武汉市为例，市政府建立了“创业天使导师团”，团委建立了“武汉青创导师团”，人社局还建立了“武汉市大学生创业导师团”。这些导师队伍为当地的创业文化与创业者培育做出了重要贡献。创业导师与传统的教师不同，他们不仅需要具备扎实的专业知识，还必须拥有丰富的创业教育背景、实际的企业经验或创业经历，以及广泛的社会历练。因此，高校在创业导师的培养方面采取了多种途径，包括内部培训与考核以及积极与外部资源合作。湖北的高校可以借助政府设立的公益团体，如湖北青年创业导师团的力量，同时还可以聘请来自投资机构、企业家和创业者的专家作为导师。综上所述，创业导师在创业团队与创业基地的建设中起着至关重要的作用，他们不仅提供了专业的指导，更推动了创业文化的繁荣与发展。因此，我们需要精心挑选、培养并管理好创业导师这支队伍，以提供更全面、更专业的支持。

三、重视课程开发和教学成为创业教育的转折点

（一）创新创业的育人价值不断凸显

在创业教育的初期阶段，其定位主要是作为促进就业的一种手段。这一观念源于当时的社会背景，即就业压力较大，需要寻找新的途径来缓解这一压力。因此，从学校管理层的决策到实际的工作推进，创业都被视为就业工作的一项补充。这种定位反映在高校的组织架构中，创业工作的职能主要被分配给就业或学生工作部门，或者在相关部门下设立了“大学生创业中心”等类似机构。

在这种定位下，创业工作的主要力量是学生工作系统工作人员、党务工作者和辅导员。他们负责推动创业活动，培养学生的创业意识和技能。然而，这种工作导向存在一些问题。首先，它很难处理好创新创业工作的开拓性与日常管理、教育之间的关系。创新创业工作需要具有前瞻性和创新性，而日常管理则更注重规范和稳定。这两者之间的平衡很难把握。其次，这种定位导致创新创业工作从一开始没有很好地调动教学力量，没能很好地融入课堂、融入专业教育和人才培养。所以，可以发现一个基本规律——凡是将创新创业工作定位为就业补充的学校，创新创业工作获得突破的难度相对都比较大。

随着时代的进步和社会的发展，人们开始逐渐认识到创新创业不仅仅是解决就业问题的手段，更是一种全面育人的重要途径。创新创业的价值从单一的就业补充，转变为涵盖创新思维、问题解决能力、团队协作和领导力等多方面育人价值的综合体现。首先，创新创业培养了学生的创新思维和创造力。在传统教育中，学生往往习惯于接受知识，而在创新创业的实践中，学生需要独立思考，勇于挑战权威，不断尝试新的方法和思路。这种过程不仅培养了学生的创新思维，也激发了他们的创造力，为未来的职业发展和社会进步打下了坚实的基础。其次，创新创业锻炼了学生的问题解决能力。在创业过程中，学生需要面对各种问题和挑战，如市场需求不稳定、资金短缺、技术瓶颈等。通过解决这些问题，学生不仅提升了自己的实践能力，也学会了如何在复杂多变的环境中灵活应对，培养了良好的问题解决能力。此外，创新创业还促进了学生的团队协作和领导力发展。在创业团队中，学生需要学会如何与他人合作，共同实现目标。同时，他们也需要承担一定的领导责任，带领团队前进。这种经历不仅培养了学生的团队协作精神，也锻炼了他们的领导力，为未来的职业生涯打下了坚实的基础。因此，随着创新创业育人价值的不断凸显，高校也开始重新审视创新创业教育的定位和价值。

（二）创新创业渗入课堂成为新的方向

随着创新创业工作的不断深入，人们逐渐意识到，即便将创业视为就业的一种补充，也必须重视培养大学生的创新思维和创业技能。这种培养应当紧密结合人才培养过程，深入课堂教学中，通过课程这一载体来促进创新创业能力的培养，这已经成为新的共识和工作的重点。

自 2002 年 4 月起，清华大学等 9 所高校被作为创业教育工作改革的试点，各高校开始探索如何开设创新创业课程，标志着创业教育与专业教育的融合思考和实践的开始。

在这一阶段，人们更多地期望将创新创业教育融入课程设置，或者将其变为相应的课程，并植入人才培养方案或人才培养过程，显示出明显的“课程属性”。

2010 年，《教育部关于大力推进高等学校创新创业教育和大学生自主创业工作的意见》（教办〔2010〕3 号）提出，创新创业教育应有效纳入专业教育和文化素质教育教学计划和学分体系，建立多层次、立体化的创新创业教育课程体系。强调专业特色，要求创新创业类课程的设置与专业课程体系有机融合，创新创业实践活动与专业实践教学有效衔接，积极推进人才培养模式、教学内容和课程体系改革。同时，加强创新创业教育教材建设，借鉴国外成功经验，编写适用和有特色的高质量教材。

2012 年 8 月，教育部颁布《普通本科学校创业教育教学基本要求（试行）》，要求高校将创业教育教学纳入学校改革发展规划，纳入学校人才培养体系，纳入学校教育教学评估指标，建立健全领导体制和工作机制，制订专门教学计划，提供有力教学保障，确保取得实效。要求高校应创造条件，面向全体学生单独开设“创业基础”必修课，支持有条件的高校根据办学定位、人才培养规格和学科专业特点，开发、开设创业教育类选修课程（含实践课程）。把创业教育有机融入专业教育，加强相关专业课程建设。把创业教育与大学生思想政治教育、就业教育和就业指导服务有机衔接。

2015 年 5 月，《关于深化高等学校创新创业教育改革的实施意见》（国办发〔2015〕36 号）发布；2015 年 12 月，《关于做好 2016 届全国普通高等学校毕业生就业创业工作的通知》要求，从 2016 年起所有高校都要设置创新创业教育课程，要面向全体学生开发开设创新创业教育必修课和选修课，并纳入学分管理。

2015 年 9 月，《关于进一步做好新形势下就业创业工作的意见》（国发〔2015〕23 号）提出“统筹推进高校毕业生等重点群体就业……加强就业创业服务和职业培训……利用各类创业培训资源，开发针对不同创业群体、创业活动不同阶段特点的创业培训项目，把创新创业课程纳入国民教育体系”。

2021 年 10 月，《关于进一步支持大学生创新创业的指导意见》（国办发〔2021〕35 号）（简称《意见》）强调：（1）将创新创业教育贯穿人才培养全过程。深化高校创新创业教育改革，健全课堂教学、自主学习、结合实践、指导帮扶、文化引领融为一体的高校创新创业教育体系，增强大学生的创新精神、创业意识和创新创业能力。建立以创新创业为导向的新型人才培养模式，健全校校、校企、校地、校所协同的创新创业人才培养机制，打造一批创新创业教育特色示范课程。（2）提升教师创新创业教育教学能力。强化高校教师创新创业教育教学能力和素养培训，改革教学方法和考核方式，推动教师把国际前沿学术发展、最新研究成果和实践经验融入课堂教学。

(3) 加强大学生创新创业培训。打造一批高校创新创业培训活动品牌，创新培训模式，面向大学生开展高质量、有针对性的创新创业培训，提升大学生创新创业能力。

2022年5月，《关于进一步做好高校毕业生等青年就业创业工作的通知》(国办发〔2022〕13号)强调，强化不断线就业服务。(1) 精准开展困难帮扶，要把有劳动能力和就业意愿的脱贫家庭、低保家庭、零就业家庭高校毕业生，以及残疾高校毕业生和长期失业高校毕业生作为就业援助的重点对象。(2) 加强就业指导。健全高校学生生涯规划与就业指导体系，开展就业育人主题教育活动，引导高校毕业生树立正确的职业观、就业观和择业观。(3) 落实实名服务。深入实施离校未就业高校毕业生就业创业促进计划，强化教育、人力资源社会保障部门离校前后信息衔接，持续跟进落实实名服务。(4) 维护就业权益。开展平等就业相关法律法规和政策宣传，坚决防止和纠正性别、年龄、学历等就业歧视，依法打击“黑职介”、虚假招聘、售卖简历等违法犯罪活动，坚决治理付费实习、滥用试用期、拖欠试用期工资等违规行为。

随着创新创业教育逐渐被引入课堂，并逐步演变成官方的强制性标准，高校开始积极推广创新创业课程。这使得越来越多的人认识到，通过课程培养创新创业能力是一种更有效和合理的做法，并逐渐成为培养学生创新创业能力的主要手段。同时，课程的开发和教学的组织也成为高校创新创业工作的核心内容。

为了适应这一变化，高校的管理机构也进行了相应的调整。一个明显的趋势是，许多高校开始设立创业学院，并将创新创业教育的职能逐步转移到创业学院。浙江省教育厅、武汉市教育局等地方教育主管部门也明确要求辖区内的高校设立创业学院，以体现对创新创业教育的重视，并更好地与专业和课程相结合。

因此，创新创业教育在高校中的地位日益提升，成为培养学生创新创业能力的主要渠道。同时，通过设立创业学院等措施，将创新创业教育纳入正规教育体系，为培养更多具有创新精神的人才提供了有力保障。

第二节 “专创融合”教育的概念分析

一、创业与创业教育

(一) 创业

创业，这一词汇在学术界中承载着多重意义，其内涵随着时代的变迁而不断丰富和深化。在英文中，“venture”和“entrepreneurship”常被用来描述创业活动，前者强调了创业的冒险性和风险性，后者则更多地聚焦于企业家的角色和创业活动的静态状态。然而，随着全球化和信息化的推进，尤其是科技产业的迅猛发展，创业的概念已经超越了单纯的盈利和风险，逐渐融入了“企业家精神”这一核心概念。“企业家精神”涵盖了创新、冒险、团队合作和坚持不懈等多重特质，这一精神内涵不仅在经济领域中占据重要地位，还广泛渗透于社会学、心理学、管理学等多个学科的研究范畴。这种精神的融入使得创业成为一种具有深远影响力的社会行为，而不仅仅是一种经济活动。在全球化和信息化的背景下，创业活动展现出其独特的价值和意义。它不仅推动了经济的增长和社会的进步，还促进了资源的有效配置和创新的不断涌现。创业活动通过创新提供产品或服务，满足了人们的需求，推动了社会的进步，同时也为个人提供了实现内在价值和追求事业成功的舞台。

在中国传统文化中，创业一词承载着开创和开始的深刻含义。古代文献《孟子·梁惠王》中提到“君子创业垂统，为可继也”，这句话表达了创业不仅仅是为了个人的成就，更是为了开创功业、建立传统，使得后世子孙能够继承并发扬光大。这种观念体现了创业者的责任感和使命感，他们不仅关注自身的利益，更着眼于家族、国家和社会的长远发展。诸葛亮在《出师表》中也提到了“先帝创业未半而中道崩殂”，这里的“创业”指的是开创帝业，即建立国家、统治天下的伟大事业。这进一步强调了创业在政治领域的重要性和价值。在《辞海》中，创业被解释为“开创基业”，这不仅包括个人、集体、国家的各项事业及其成就，还涉及社会各个领域的创新和开拓。与英文中的“entrepreneurship”相比，中国的词典将创业置于一个更广泛的事业环境中，凸显了其政治、经济、社会等多重含义。这种传统文化中对创业的理解和强调，不仅是对个人才能和努力的认可，更是对整个社会和国家的贡献和担当。它鼓励人们在各个领域勇于开拓、不断创新，为家族、国家和社会的繁荣富强贡献自己的力量。这种精神在中国历史长河中不断涌现，成为推动社会进步和发展的重要动力。

在我国学术界，创业的定义具有多维性和灵活性。主流的观点主要有两种：（1）创立新的基础事业，这通常意味着从无到有地创造新颖的产品和服务，涉及对市场需求的洞察、资源的整合以及商业模式的创新等多个方面。（2）通过创新方式实现某一产品或服务的价值，这强调了在现有产品或服务基础上进行改进或重新组合，以创造出新的价值或满足未被满足的需求。在探讨创业概念时，学术界通常将其与创新紧密联系在一起。创业被视为一种社会经济、文化、政治领域内开创新事业、新企业或新岗位的行为，它强调的是行动层面的创造。这种创造不仅仅局限于商业领域，还包括社会创新、文化创新等多个方面。而创新则更多地涉及思维层面的创造，它要求人们不拘泥于现状，勇于开拓进取，寻找新的解决方案。

近年来，对创业的理解与定义在全球范围内已经经历了显著的转变。传统的狭义观点，将创业主要视为风险获取盈利的过程，但如今，这一观念已扩展为广义的价值创新与创造。这种转变不仅体现了对创业活动更深层次的理解，也反映了社会各界对创业在社会、经济、文化、政治等多个领域所发挥作用的广泛认可。中国学者席升阳对创业内涵的扩大化解释，正是这一转变的生动体现。他认为，创业不仅是经济领域的创新行为，更是一种在社会、文化、政治等多个领域中的创新性活动。这种活动不仅创造了新的经济价值，也为社会带来了新的发展机遇，为他人提供了更多的可能性。

本书倾向于认同这种广义的创业定义。笔者认为，创业是个体能够敏锐地识别并把握事业机遇，通过创新思维和实践，提供新颖的产品或服务，从而对社会和个人产生积极影响的过程。这一过程不仅要求创业者具备企业家精神，还需要他们能够有效地结合有价值的商业或社会机会，实现个人和社会的共同发展。同时，创业是一种天赋能力，是个人心理特质的具体展现。创业者通常具备冒险精神、创新思维、团队协作和坚持不懈等特质，这些特质共同构成了创业成功的关键因素。创业也是一种可教的实践行为，通过教育和培训，人们可以提升自己的创业能力，更好地实现个人价值和社会价值。

（二）创业教育

创业教育的理念最初在西方发达国家形成，并随着20世纪80年代末传入中国。目前学术界普遍认同的“创业教育”定义是由1991年联合国教科文组织在东京会议上提出的：“创业教育，广义上来说，是指培养具有开创性的个人，这对于拿薪水的人来说同样重要，因为雇主或个人不仅要求受雇者在事业上有所成就，还越来越重视受雇者的首创精神、冒险精神、创业和独立工作能力以及技术、社交、管理技能。”1995年，联合国教科文组织在《关于高等教育的变革和发展的政策性文件》中全面阐述了完整的创业教育概念，即创业教育包括两个方面：求职和创造新岗位。1998年10月召开的世界高等教育会议上通过的《21世纪的高等教育：展望与行动世界宣言》进一步指出：“高等教育应主要关心培养创业技能与主动精神，毕业生不再仅仅是求职者，而首先将成为工作岗位的创造者。”我国在1999年1月公布的《面向21世纪教育振兴计划》中正式确立了创业教育的理念，提出要加强对教师和学生的创业教育，鼓励他们自主创办高新技术企业。

学界的创业教育定义相较教科文组织的定义更具操作性和具体性，美国创业教育研究机构考夫曼基金会认为创业教育是一个过程，它向被教育者传授识别被忽视的机会的概念与技能，以及在资源整合的前提下创办一个企业的技能，还包括对企业管理过程的介绍，如商业计划、市场营销等。我国学者多从广义和狭义两个维度定义创业教育。周秋江认为，创业教育从广义上讲是培养具有开创性的个人，通过相关课程体系整体提高学生的素质和创业能力，使其具有首创精神、冒险精神、创业能力、独立工作能力以及技术、社交和管理技能①从狭义上讲，高校的创业教育主要针对大学生创业，培养创办企业的能力。熊礼杭认为，广义的创业教育是指以提高受教育者创业素质为基本价值取向的一种教育理念和教育实践；狭义的创业教育是指对受教育者进行职业培训以满足自谋职业或创业致富需要的教育活动②在学校进行的创业教育，一般指广义的创业教育，又称为创业素质教育。

综上所述，本书将高等院校的创业教育界定为：创业教育是学校开发和提高大学生创业基本素质、培养具有创新精神和创业能力的高素质社会主义现代化建设者的教育。在高等教育领域内，创业教育是在大学素质教育的基础上融入创业素质的基本要求，这不仅是显性知识的传授，同时也包括通过潜移默化隐性知识的学习，其实质就是要培养学生的创业意识，掌握创业基本技能。因此，创业教育是具有独特功能和体系的教育，有效的创业教育就是要遵循个体差异，提升其创业技能和素养，将个体培养成成功的创业实践者。

二、专业与专业教育

（一）专业

通常，专业指的是人类社会在科学技术进步和生活生产实践中，用来描述职业生涯某一阶段、某一群体，用于谋生，长期从事的具体业务工作的规范。人类悠久的历史表明，在不同的历史时期，人类开辟了不同程度的文明，如神农尝百草，在现代术语中，神农氏的专业可以视为最初的农学或医学专业从业者。从石器时代、铜器时代、铁器时代，到近代以蒸汽机为代表的工业文明等，人类社会经历了多次重大的社会化

---

① 周秋江：《高职院校“五位一体”创新创业教育体系的建构》，《宁波大学学报（教育科学版）》2017 年第 1 期。

② 周秋江：《高职院校“五位一体”创新创业教育体系的建构》，《宁波大学学报（教育科学版）》2017 年第 1 期。

分工，这促进了教育实践和工业、商业实践的发展，为职业的专业化理念的传播创造了条件。

结合现有教育论著中关于专业的定义，薛国仁、赵文华将其分为四类：第一，《教育大辞典》将专业定义为：中国、苏联等国高校培养学生各个专业领域的学科。这大致相当于《国际教育标准分类》的课程计划或美国学校的主修。专业根据社会职业分工、学科分类、科学技术和文化发展状况及经济建设与社会发展需要来划分。第二，《教育管理辞典》将专业定义为：高校或中等专业学校根据社会分工需要而划分的学业门类。各专业都有独立的教学计划，以体现本专业的培养目标和要求。这个定义与《辞海》的解释基本一致，认为专业是一种学业门类。第三，学者周川在《专业散论》中从广义、狭义、特指三个层面来理解专业。从广义角度来看，专业即某种职业不同于其他职业的一些特定的劳动特点。狭义的专业，主要是指某些特定的社会职业。特指的专业即高校中的专业。它是依据确定的培养目标设置于高校的教育基本单位或教育基本组织形式。第四，潘懋元、王伟廉主编的《高等教育学》中指出专业是课程的一种组织形式。因此，在讨论课程时，其中也就包含这种组织形式。从上述四种定义来看，第一相对完整地描述性地定义了专业的性质，兼顾了国际上的教育特点，但不够精确；第二则强调社会分工而忽视与学科之间的关系；第三将专业作为高等教育的基本单位，但没有指出专业划分的依据；第四通过课程与专业之间的联系来定义专业，较为符合美国高等学校的事实。

因此，从高校的角度来看，专业是为社会承担人才培养的功能而设置的；从社会的角度来看，专业是为满足从事某类或某种社会职业必须接受的训练需要而设置的。本书认为，专业是根据社会职业分工需要，分类分层进行高深知识和专业知识、专门工作经验和技术、技巧，以及行业道德规范等，教、学、研、训等活动的基本单位。

（二）专业教育

专业教育旨在培养不同级别和类型的专业人才。在中国，实施专业教育的机构包括高等学校、中等专业学校、职业学校、技工学校以及各种进修班和培训班。本书主要关注高等学校中的专业教育，包括高等职业学校和普通高等教育机构，这些教育机构以满足外部需求为目的，并以高深知识为基础。

根据对专业的定义，专业教育是对特定培养单位对象实施的教育。从专业作为一种职业或社会分工的角度来看，专业教育以未来就业为目标，相对自由教育、博雅教育、经院哲学等古典学问，它更注重社会需求，形成了新的学问类型，专注于实用人才的培养。在美国，这类教育被称为“specialized education”“practical education”“professional education”“education for profession”，涵盖了除了文理主修学科或通识教育内容之外的所有教育。在欧洲，专业教育通常指大学，特别是那些非学术型大学，培养较高层次的技术工人的教育，如法国的专门职业教育和技术教育。1999 年的《博洛尼亚宣言》在区分高等教育不同层次结构的基础上，将专业教育确定为为学生进入劳动市场就业前的预备教育。此外，从专业作为经过社会分工后的知识体系形成的学科单位来看，专业教育更加强调高深知识和能力的传授。在我国，专业教育受到苏联的影响，将国家的高等专业教育分为五大类，再细分到专业群、专业、专业方向，甚至某些专业方向在工业工程下面还要分次专业方向。这意味着专业教育是一个立体、多层次的概念。在我国，专业教育通常在普通教育的基础上进行，要求从业人员具有必备的专业学习背景，学校及所学专业的办学条件、课程设计、教学过程、教育质量都要达到一定的标准，才能培养出所谓接受过专业教育的人才。

三、专业教育与创业教育的融合

根据《汉典》的注释，融合意味着将不同的元素熔合或溶解在一起，形成一个整体。例如，晋朝著名史学家常璩在其著作《华阳国志·汉中志·涪县》中记载:“孱水出自孱山，其源为金银矿，经过洗涤后，用火熔炼使之融合，形成金银。”这个解释带有物理层面的意义。从心理学的角度来看，融合指的是不同个体或群体在相互碰撞或接触后，他们的认知、情感或态度倾向相互融合。在教育领域，融合更多地指的是“文化融合”，即具有不同特质的文化通过相互接触、交流沟通而相互吸收、渗透，最终融为一体的过程。英文中常用“cultural integration”来表示。

本书认为，创业教育与专业教育的融合是“有机融合”。在《汉语大辞典》中，“有机”指的是事物各部分之间相互关联、协调，并具有不可分割的统一性，就像一个生物体那样。因此，“有机融合”指的是高等教育体系中两种不同的教育形态，通过相互接触、相互作用、相互协调，从而形成一个新的生命系统的过程。这种融合并非简单的相加或拼凑，而是两种教育形态在高等教育体系中的深层次整合，它们相互渗透、相互滋养，共同塑造出一个全新的、充满活力的教育生态系统。在这个生态系统中，专业教育为创业教育提供了深厚的理论基础和专业知识支撑，使得创业活动不再是无源之水、无本之木，而是根植于坚实的专业土壤中。同时，创业教育为专业教育注入了创新的动力和实践的活力，使得专业知识不再仅仅停留在书本和课堂上，而是能够转化为解决实际问题的能力，进而推动社会的进步和发展。这种“有机融合”

不仅体现在教育内容的整合上，更体现在教育理念的升华和教育方法的创新上。它要求教育者具备跨学科的视野和整合能力，能够将专业教育与创业教育有机地结合起来，形成一种全新的教育模式。同时，它也要求学生具备跨界思维和创新精神，能够在专业学习和创业实践中不断探索、不断突破。

因此，“专创融合”的内涵在于将专业教育与创业教育有机地融为一体，形成一个充满活力、相互关联、协调发展的教育生态系统。在这个系统中，专业教育与创业教育相互依存、相互促进，共同推动人才培养的深化和高等教育体系的完善。这种融合不仅是教育理念和模式的创新，更是对人才培养和社会发展的深刻回应和积极贡献。

第三节 “专创融合”的认识基础

自“大众创业、万众创新”战略实施以来，几乎每个行业领域都经历了深刻变革。这种变革在教育领域的一个显著表现是“专创融合”呼声的日益高涨。然而，对于“专创融合”的具体内容、它将带来哪些改变，以及它与教育改革和“产教融合”之间的关系等问题，公众的认识还存在一定程度的混乱。因此，在逻辑上明确“专创融合”的认识基础，是推动这一过程的关键环节。

在解决教育与实践脱节的问题上，教育机构曾尝试多种方法，如实习实训、校企合作等。但总体而言，由于未能从市场运行的基本规律出发，这些尝试往往导致新的问题出现。创新创业教育在解决教育与实践脱节问题上的价值在于，它提供了一种教育能够充分融入市场的教育模式。

一、高校一直在努力解决教育与实践脱节的问题

现当前的高等教育培养环境与社会需求之间存在显著的鸿沟，表现为与市场需求、企业要求和职位要求的不匹配。为了填补这一鸿沟，教育主体尝试了模拟教学、实习实训、校企合作等多种方法，但总体来看，由于无法从市场运行的基本规律着手，自然会发生新的扭曲，效果并不理想。创新创业教育在解决教育与实践脱节问题上的价值就在于，它是教育能够接受的一种与市场充分融合的教育场景。

但是，在将创新创业教育融入常规教学的过程中，由于缺乏系统的课程规划，导致专业教育与创新创业教育相互独立，未能形成有机整合。数据显示，即使在“211”

工程高校中，开设创新创业教育课程的比例也偏低，且多数高校仅提供《大学生职业生涯规划》等选修课程或讲座，这与真正的创新创业教育相去甚远。即使部分高校开设了创业课程，其教学效果也往往浮于表面，缺乏深度和启发性，这在一定程度上影响了学生对创新创业教育的兴趣。此外，相关教材的内容也存在明显不足，质量亟待提升。目前，高校创业教育的问题主要体现在以下几个方面。

1. 创业教育模式相对单一

创业教育的模式涉及基于何种价值驱动，采取何种方法来提升专业青年学生的创业能力。根据我国高校创业教育的实践，创业教育主要聚焦于商业模式，旨在培养企业创立的能力和素养，其中创立企业被视为创业教育的核心目标，创业教育有时被简单化为“企业家速成教育”。然而，创业教育的目标不仅仅是创办新企业，它还包括创造新价值、培育创新意识。创业教育更注重培养学生的创新精神、创业能力和冒险精神等内在品质。

创业教育虽然起源于商业领域，并旨在推动经济社会发展，但创业并不仅仅以经济利益为驱动。创业应面向全社会，包括商业创业、公益创业和社会创业。当前，创业教育与专业教育的脱节导致高校创业人才培养主要集中在传统的商业领域，而对于远离市场和社会的专业学生，他们的创业意识和创业精神往往被忽视。这种现象使得大多数社会科学和人文学科的学生未能有效参与创业教育过程，而实际上，这类知识青年往往最缺乏创业意识和能力。

2. 创业教育对象过于小众化

创业教育本质上是一种面向广大学生、覆盖所有专业领域的教育活动，每位学生都应结合自身专业特色和社会服务需求接受创业教育。然而，由于专业教育与创业教育之间的分离，创业教育在形式上往往局限于商业领域，那些靠近市场或拥有硬科学知识的专业领域更易于接受创业教育，这主要是因为多数大学将创业人才培养的目标定位为企业创建。创业教育的“小众化”现象指的是社会系统中由于共同兴趣、爱好或品性等因素而形成的交互群落。传统上，创业教育位于大学教育体系的边缘，被视为“有兴趣”学生的活动。这种小众化削弱了创业教育推动知识社会发展的功能。在培养路径上，创业教育的主要活动形式是开设小规模的课程和通过第二课堂推动，这种现象与国家对全体学生创业能力培养的目标不匹配。

中国创业教育的发展在起步阶段就确立了面向全体学生的价值取向，将创业教育的目标定位在培养全体学生的创新意识、创新精神和创业能力上。然而，在实践中，我国高校创业教育的发展基本上走向了少数学生精英化的模式。例如，清华大学提出以第二课堂为依托，深入学生丰富多彩的课外学术科技活动，将课外科技活动的开展视为创业教育的主体。西安交通大学则强调对“有志于创业的学生进行创业意识的培养”，并推行以社团为载体的创业教育实践模式。南京财经大学提出，开展创业教育的目标是培养职业经理人，即能为社会提供更多就业机会的人。

不难看出，作为中国高校创业教育的先行者，试点高校大都将创业教育视为专业教育的补充，并以培养少数创业人才为目标，“有志于”“职业经理人”“社团为载体”等内容无不反映了创业教育与专业教育的疏离，进而形成了创业教育的小众化和精英化特点。在知识经济的背景下，创业教育需要与专业知识相结合，促进不同专业学生接受创业教育，为未来的知识创业奠定基础，实现从小众化向广谱式的转变。

3. 创业教育实效性不强

理想状态下的创业教育功能体现在多个层面，一方面，促进个体职业生涯的发展；另一方面，也有助于推动知识社会和知识经济的发展。然而，高校创业教育与专业教育的脱节严重削弱了其价值实现的能力。从社会层面来看，创业教育对知识社会和知识经济的发展促进作用有限。高校创业教育与专业教育的分离导致创业教育发生在专业知识之外，没有基于专业知识的创业无法催生知识型组织和知识产业。理论上，基于专业知识的创业顺应了知识社会的需求，有利于推动知识经济的发展。高校是高深知识生产、保存和传播的场所，与专业教育脱节的创业教育没有充分发挥专业知识的优势。

我国长期存在科技成果转化率较低的问题，大约只有 10%，科技成果向生产力的转化并不理想。高校通过创业教育，将专业知识和技术一起转移，实现与社会生产要素的整合优化，形成新的社会发展动力。在高校，研究生是技术和知识创新的重要力量，加强研究生等创新主体的创业教育是促进知识创业，提升创业对知识社会促进效能的重要途径。然而，客观上，我国高校的创业活动主要集中在高职院校和本科生群体，研究生创业教育亟待加强。

从个体层面来看，基于狭义的创业就业观，青年学生并未形成良好的创业能力。据统计，全国高校中大约 80%的大学生有创业意愿，但真正在高校期间就进行创业活动的学生比例并不高，大学生创业最终成功率仅为 2. 4%①脱离专业领域的创业教育使得创业集中于专业外部企业或盈利性公司的创建，这种浮躁的创业教育理念虽然能使

① 李耀富，郭必裕：《以生存型创业实践提高大学生创业率的思考》，《文化创新比较研究》2021 年第 3 期。

学生创业公司一哄而起，但也免不了一哄而散，导致教育改革的成果化为乌有。

4. 对专业人才培养模式改革的促进作用未能彰显

将创业教育融入专业教育，使其嵌入人才培养体系、融入专业教学范畴、纳入教学评价体系，是打破以学科为主线的教学弊端的关键，能够真正触及专业教育和创业教育的本质内涵和改革要求。这不仅需要从人才培养方案的知识、技能和应用体系中研究融合，还需要在培养目标、课程体系和考核评价上体现融合，更要在日常教育教学的管理体系中显现融合，使之成为高校教育教学改革的指引和趋势。

创业教育的发展并非孤立，而是需要置于专业人才培养的全过程中，在人才培养目标、培养过程(包括课程和教学)、评价机制等方面进行改革，以适应大学功能的演进变革。将高校创造的知识促进经济发展视为另一场学术革命，高校不再游离于经济社会形态的边缘，而是被推向了知识经济时代的核心位置。因此，当前高校专业人才培养改革的本质和理念与创业教育的理念具有深刻的一致性，正是这种一致性奠定了其融合的基础，也正是这种一致性使得创业教育的融入有助于促进专业人才培养模式的变革。然而，需要注意的是，由于创业教育与专业教育的背离，这种“两张皮”现象使得高校创业教育的发展无法带动和促进专业人才培养模式的改革。

二、创新创业教育能够解决教育与实践的脱节问题

在当今的教育体系中，许多学生在校园中接受了丰富的理论知识教育，但当他们步入社会后却难以适应真实的工作环境。这一困境的根源在于，传统的专业教育往往侧重于理论传授，而忽视了对实践操作能力的培养。创新创业教育作为一种全新的教育模式，其核心理念在于将理论知识与实践经验相结合，以解决实际问题为导向，培养学生的创新思维和创业能力。创新创业教育不仅关注学生的知识掌握程度，更注重学生的实践能力和综合素质的培养，因此，在解决教育与实践脱节问题方面具有独特的优势和作用。

1. 创新创业教育：让学生融入社会

教育不应将学生与社会割裂，让学生局限在校园的四角天空下。这种做法不仅不负责任，而且极大地限制了学生的视野和成长。正是基于这样的理念，创新创业教育应运而生，它致力于为学生构建一个全方位、真实感强烈的教育环境。通过参与实际任务和深入真实的社会场景，学生能够更加深刻、全面地了解社会，从而避免在初次踏入社会时可能出现的迷茫和不适。

值得强调的是，创新创业教育的目标并非要求每个学生都成为创业者，投身创业的浪潮。相反，它的核心在于通过系统的学习和文化的熏陶，培养学生的行业洞察力、理解力和创新思维。当毕业生具备了这些能力，无论他们选择哪个职业，都能展现出卓越的创新能力，从而在职场中脱颖而出，拥有更广阔的未来。而那些在创新创业教育中具备了创业能力的毕业生，更会在工作中展现出高度的职业精神和持续学习的能力。

因此，不能将创新创业教育视为仅仅针对有创业意愿的学生的小众活动，也不能将其简化为仅仅是为了孵化一部分学生。相反，它应当面向全体学生，融入每门课程中，通过创业课程、实践活动等方式，启迪学生的创新思维，提高他们的创业能力。在现有的通识课程基础上，我们应逐步推进这一教育模式的改革，确保每名学生都能在学习与实践的交融中，不断地提升自己的创新意识和创业技能。

2. 创新创业教育：引领学生深度理解行业

在专业教育中引入创新创业教育，并探索通过创业项目来促进人才培养，将是一种有价值的教育实践。创新创业教育应当贯穿整个人才培养过程，确保学生在从入学到毕业的每个阶段都能获得与行业发展紧密相连的教育体验。这一过程中，教师需要巧妙地将创新元素融入课程设计、考核、项目策划和孵化等各个环节，从而培养出具有高度创新精神和行业洞察力的人才。

在条件允许的情况下，以创新创业教育为核心，通过学校自主策划或与企业合作，从学生入学的第一周开始，根据学生的个人兴趣和意愿，将他们分配到相应的公司和团队。分配方式可以是学生经过头脑风暴、详细调研和论证后启动的项目，也可以是在专业建设过程中由教师预先准备好的，有助于学生学习专业知识的项目。每个学生都将成为具体公司的一部分，并成为该公司的股东。

学校将提供必要的资金支持和设备资源，以确保学生在实习实训过程中能够得到充分的实践机会。同时，每个团队都将配备一位经验丰富的指导教师，他们不仅具备深厚的学术背景，还可能与行业内的专家和企业家紧密合作，为学生提供更广阔的职业发展空间。除了第一年需要完成基础的公共课程外，学生将主要通过参与公司的实际运营来替代传统的课程学习。学生将亲身参与公司的各个环节，深入了解行业的运作机制和挑战。通过顶岗实习和毕业设计等实践环节，学生将有机会将自己的学习成果转化为实际的企业运营报告，从而更好地展示他们的专业技能和综合素质。当学生毕业时，他们所在的公司可能已经面临各种挑战，甚至可能面临倒闭的风险。然而，正是这些真实的经历让学生更深刻地理解了行业的艰辛与不易，并培养了他们在逆境中坚持不懈的精神。同时，那些在教师的指导下取得了一定成果的学生，则可以将自己的企业推向市场，实现创业教育的巨大成功。这种以专业指向的行业痛点作为项目方向的教育模式，不仅让学生在实践中获得了深刻的行业感知，还为学生提供了宝贵的职业生涯教育。通过这样的教育过程，学生将更加明确自己的职业方向和目标，为未来的职业发展奠定坚实的基础。

3. 创新创业教育：激活教育资源的强大引擎

实施“专创融合”不仅可以扩展教育场景，还能有效激活现有的教育资源。这包括充分利用创业空间、培训体系、创业活动和校友资源等元素，以提高创业工作的质量；发挥专业资源和教师的影响力，推动创新创业教育和项目孵化；将实习和实训条件与创新创业教育相结合，促进项目的成长；创建校园文化，以创业为导向，集合党政工团、院系合作；整合校企合作，解决学生创业方向不明确、创业项目技术含量不高、专业特征不明显等问题；促进创业竞赛和各种专业技能竞赛与团队孵化之间的联系。

例如，建设“双一流”或“双高”院校时，学校应在办学定位、人才培养、专业建设上展现出更高的水平。能够弥合教育鸿沟，让人才培养、专业建设、课程教学与产业发展、行业未来高度融合的学校，才能成为“一流”大学、“高水平”学院。能够在真实场景中培养学生、又不失人才培养的科学性的专业，才可能是“一流”“高水平”专业。人才培养、教师队伍建设、教学科研的组织、学生的管理和服务，都将在这样真实的环境中发生蜕变，各项工作都能在真实的场景中找到自己最恰当的呈现方式。

（1）社会教育资源的整合。很多学校都建有校企合作单位，但在长期合作中，由于利益机制、运行机制等问题，合作关系难以深入。在“专创融合”的教育场景下，双方的需求点会更具体、更明确，有助于校企合作资源的发挥。例如，武汉软件工程职业学院已与多个行业协会形成合作关系。

（2）实训资源的整合。高校都建有设备先进、门类齐全的实验、实习、实训场地。这些条件，可以在教育中发挥出更具实效、更加深入的作用。尤其是在“专创融合”的背景下，这些资源的有效发挥变得更有可行性。学校可以将部分具备条件的实训环境变为经营场所，将实训教学变成企业经营，将课程与生产相结合、经营与实训相结合、班级与企业相结合，既提升了教育教学和人才培养质量，又让资源得到了更好的应用。

（3）专业教育资源的提升。高校在人才培养和专业建设方面都积累了丰富的专业教育资源，包括专业的声誉和教师的个人影响力。这些资源可用于指导和支持创新创业工作，发挥事半功倍的效果。例如，借助会计专业老师的从业经验和知名度，可以组建会计专业学生团队，模拟成立一个财务代办公司，让学生参与实际财税业务多次，从而提高教师的专业能力和学生的专业基础。类似的方法可以用于软件技术、服装设计、激光技术、汽车销售等各种专业，几乎所有专业都可以设立相关公司，将业务操作作为教学的一部分，实现人才培养模式的重大变革。

（4）校园文化的创业导向。校园创业氛围和学生创业比例的高低，主要取决于校园文化中是否融入了创业元素。在“专创融合”的工作目标中，之一就是要与学校的党政、工团等相关部门合作，共同营造以创业为导向的校园文化。首先，可以通过举办各类校友文化活动，以创业、创业项目、成功创业企业以及创业教育为主题，吸引学生的参与。其次，学生组织应积极吸纳具有创业意向和潜力的成员，在选拔学生组织的主要负责人时，应优先考虑其创业能力，同时在学生组织的日常活动中，应融入更多创业元素。此外，可以努力培养一批具备专业背景和创业目标的专业学生社团，同时积极宣传、借鉴和推崇成功的创业团队和典型创业人物，以引导和塑造相关的文化导向。

（5）与创业赛事的互相促进。“专创融合”既能产生数量丰富的、有专业基础的创业团队，并使其参加创业赛事活动，也能够运用创业大赛来培养和检验学生基于“专创融合”模式下形成的创业项目。创业大赛是创业教育和创业实践的重要载体和依托，认真组织和参与创业赛事对于活跃创业氛围、增加创业知识和经验、促进创业行动具有重要作用。因此，积极组织学生参与各级政府主管部门、行业协会、大型园区的创业大赛，引导学生组建合适的创业团队，为参赛团队提供有针对性的辅导，本身就是“专创融合”的重要工作内容。当然，也要防止就赛论赛、以赛代创，将创业大赛的获奖项目束之高阁，这是对创业教育、创业赛事等工作中所投入资源的重大浪费。因此，创业大赛的关注点必须从大赛本身转移到大赛成果的落地实施上来，“专创融合”就让二者实现了无缝融合。

第四节 “专创融合”的新视域

尽管创新创业教育在弥合教育与社会、市场之间的鸿沟方面发挥着关键作用，但并不能简单地用创业实践来替代整个人才培养过程。随着高校逐渐加强对创新创业教育的重视，已经经历了许多试验和经验积累，其中包括成功和失败的案例。作为教育改革和创新的一种新型人才培养模式，“专创融合”提供了一种全新的视角和路径，有望引领教育领域实现巨大的变革效应。

一、创新创业教育走过很多歧路

尽管清华大学、浙江大学等知名高校从一开始就认识到创新创业在人才培养中的重要性，但大多数高校是被动地考虑和开展创新创业工作，这导致工作中出现了一些不系统、不深入，甚至是以应付为主的情况。

（一）创业教育不仅仅是开设创业课程

根据《普通本科学校创业教育教学基本要求(试行)》中的规定，“创新创业基础”课程的培养目标是使学生掌握开展创新创业活动所需的基本知识。这些知识包括理解创业的基本内涵和创业活动的特殊性，辩证地认识和分析创业者、创业机会、创业资源、创业计划和创业项目，掌握创业资源整合与创业计划撰写的方法，熟悉新企业的开办流程与管理，提高创办和管理企业的综合素质和能力。同时，使学生树立科学的创业观，主动适应国家经济社会发展和人的全面发展需求，正确理解创业与职业生涯发展的关系，自觉遵循创业规律，积极投身创业实践。

然而，单纯依赖语言传授“创业意识”“创业规律”“创业资源整合”等内容，因缺乏实际情境，往往难以引起学生的共鸣。相反，若结合学生所处的专业背景，选择专业所指向的行业，通过分析行业痛点，引导学生思考解决方案，进而探索产品与服务创新、营销策略及团队建设等实际问题，这样的过程具有场景感，并且融入了专业培养的元素，更有助于学生更好地适应未来职场挑战。

长远来看，当创新创业教育成为高校人才培养的有机组成部分，每个专业和课程都深度融入创新创业元素，并与市场紧密对接时，“创业意识”“创业规律”“创业资源整合”等目标将水到渠成。届时，“创新创业基础”等课程也许不再必要。因此，将“创新创业基础”课程的开发与建设等同于创新创业教育的核心，甚至全部内容，显然是不恰当的。

（二）创业教育不仅仅是孵化创业企业

创业教育是一场关于创新精神和创业能力的培养与磨炼，是一场知识与实践、理想与现实相结合的教育革命。创业不仅是经济的动力，更是国家未来的希望。那些曾经怀揣梦想的创业者，虽然成功的比例看似微小，但正是这极少数的成功者，撑起了中国经济的脊梁，引领了全球的发展潮流。因此，我们不能简单地将创业教育等同于创业孵化。孵化创业企业固然重要，但更重要的是培养那些具备创新精神和创业能力的人才。这些人才不仅在创业过程中能够创造价值，更能在未来的职业生涯中为国家的经济发展和社会进步贡献力量。

1. 创业者：中国经济的希望之光

自国家开始重视创新创业工作以来，各级政府部门都将创业孵化视为工作的首要任务。这是一项具有长远战略眼光的举措，其背后的原因不仅是因为创业有助于缓解就业压力，更重要的是因为当前的创业者将塑造未来国家的命运。尽管创业成功率看似较低，但即便在这低成功率下，也孕育着中国经济未来的希望。

自 1997 年 5 月，26 岁的丁磊创办网易公司开始，中国的互联网经济开始大爆发，1997 年也因此被称作“中国互联网经济元年”。1997—1999 年，中国新注册的互联网企业超过 50 万家。这 50 万家互联网企业，有着 50 万个怀揣梦想的创业团队，他们对未来充满期待、充满激情，相信自己能够创造未来、改变社会。20 年后，当年的 50 万家互联网企业，还在中国经济体系中发挥着巨大作用的还有讯、百度、阿里巴巴、京东、盛大等企业。如果这样去计算创业的成功率，也许连万分之一都不到，但即使是这余下的万分之一，他们也已打造了中国互联网经济傲视全球的现实，撑起了中国经济的脊梁。

有人可能以创业的高失败率来质疑创业教育的价值，但这种观点是极其片面的。首先，尽管创业失败的概率较高，但创业者的持续尝试和接连奋斗为经济领域注入了持久的活力，对于经济发展具有重大价值，而成功的企业更是为国家软实力的构建提供了坚实支撑。每位创业者在技术创新、管理创新和组织创新方面的积极探索和试错，都推动了创新型国家和创新型社会的发展。另一方面，那些创业失败的人并不等于人生的失败者。他们的创业失败经历实际上使他们更接近成功。创业是一种全面的、深刻的锻炼和学习的过程，一次失败的创业经历可以为下次成功创业奠定坚实的基础。即使他们失去了创业的信心，他们也具备成为卓越职场精英的潜力。

2. 孵化创业并非创业教育的主要目标

尽管创业孵化具有重要性，但它并不是创业教育的主要目标。创业教育的主要目标是培养具备创新精神和创业能力的人才，同时在成长中创造融合的教育场景。这种培养模式将会促使毕业生中创业者的比例提高，因此，这两个目标本质上并不冲突。将创业孵化作为主要导向可能会使重点放在创业企业的支持、服务和创业者的辅导上，从而忽视了创业教育的目标是为了实现全面覆盖。创新创业教育的目标不仅仅是关注那些具有创业意愿的学生，也不是将创业孵化作为创新创业教育和创业学院工作的全部内容。它的目标是面向所有学生，提供创新创业课程，举办创新创业活动，启发创新思维，提升创业能力。在现有通识课程的基础上，从试点开始，让每位学生将学习与实践融合，通过创业导向的人才培养过程提高创新意识和创业能力。

（三）创业教育不仅仅是建立创业基地

自《关于促进以创业带动就业工作指导意见的通知》（国办发〔2008〕111 号）要求“地方各级人民政府要统筹安排劳动者创业所需的生产经营场地，搞好基础设施及配套建设，优先保障创业场地”以来，各级政府部门对建设大学生科技园区、创业园区、孵化器、众创空间的工作给予了高度重视。2017 年，《关于做好当前和今后一段时期就业创业工作的意见》（国发〔2017〕28 号），该意见要求加快创业孵化基地、众创空间等建设，发挥孵化基地资源集聚和辐射引领作用，为创业者提供指导服务和政策扶持，对确有需要的创业企业，可适当延长孵化周期。各地可根据创业孵化基地入驻实体数量和孵化效果，给予一定奖补。

在这样的政策背景下，多数高校积极响应，不仅建立了规模庞大、设施先进的创业孵化基地，而且将其视为创新创业教育的核心组成部分。然而，我们必须清醒地认识到，尽管创业基地的建设对于提升创业教育质量具有重要意义，但它仅仅是创业教育生态系统中的一个环节，而非全部。一个完善的创业教育机制远比单纯的物理空间更为关键，它涵盖了教育理念、课程设计、师资培养、实践平台等多个方面。更重要的是，不能忽视教职员工在创新创业教育中的关键作用。只有当广大教职员工的思想得到解放，他们才能以更加积极的姿态投身于创新创业的实践中，成为学生的引路人和榜样。通过鼓励教职员工立足课堂开展教学改革，将创新创业理念融入日常教学中，我们才能真正实现教育与市场的有效对接，培养出更多具有创新精神和实践能力的优秀人才。因此，创业教育不应仅仅局限于建立创业基地这一物理空间，而应是一个全方位、多层次的教育体系，涵盖了从理念培养到实践操作的各个环节。

（四）创业教育不仅仅是提供创业支持

自 2006 年十四部门联合发布《关于切实做好 2006 年普通高等学校毕业生就业工作的通知》（教学〔2006〕8 号），明确提出“切实加大对高校毕业生自主创业和灵活就业的扶持力度”以来，几乎每年都会发布文件和通知，旨在进一步完善创业培训、创业指导、项目开发、融资服务、创业孵化、跟踪扶持等全方位的服务体系。这一连贯的政策导向，体现了国家对创业教育的重视和支持。

在这样的背景下，各地方政府也积极响应，设立了针对大学生创业的专项扶持资金。以湖北省为例，该省针对大学生或毕业一定期限内的大学生的创业行为，在符合条件的情况下，省市政府都会依据相关程序给予一定额度的、不附带条件、无须归还的现金补贴。这样的政策不仅为创业者提供了资金支持，还传递了政府鼓励创业、支持创新的明确信号。

除了这些明确的补贴项目，大学生创业者还可以通过参加各类创业大赛等方式获得额外的奖励资金。这些大赛不仅为创业者提供了一个展示自我、交流学习的平台，更为他们提供了与投资人、行业专家面对面交流的机会，有助于拓宽融资渠道、获取更多资源。

然而，创业教育不应仅仅停留在提供创业支持的层面。我们应当认识到，创业教育不仅仅是资金的扶持，更是一种理念的培养、一种能力的提升。它应当贯穿高校教育的全过程，融入课程设置、实践教学、师资培养等各个环节。只有这样，我们才能真正培养出具有创新精神、创业意识和创业能力的高素质人才，为国家的经济社会发展注入新的活力。

二、创业教育的出发点和专业教育的新视角

（一）专创业融合：新起点与新视界

“专创融合”的目标不仅仅是要培育一两个创业典范，尽管这样的典范具有深远的意义。它也不仅仅是要求学校加大对创业工作的投入，建设更大的孵化基地，提供更好的创业条件。此外，它也不仅仅是关注开设了多少门创业课程，采用了哪些教育理论，或者遵循哪些教育规律。

“专创融合”的真正内涵，在于在现有专业教育框架内，赋予学生更宽广的视野，让他们能够深刻洞察行业的现状和未来走向，培养独立思考的能力，并掌握创新创业的核心技能与方法。这代表着一种教育理念与培养模式的革新。通过此种方式，行业的需求被无缝对接至专业教育的每个环节，进而增强学生的满足感和成就感。在此基础上，学生不仅能够根据对行业、企业和市场的深刻理解，选择高质量的就业道路，同时也能够自信地踏上创业之旅。创业只是这一培养体系中的一个可能选择，而非唯一目的。

现代创业教育已超越了对创业本身的关注，其根基在于培养全面发展的专业人才。其目标是塑造既具备创新精神又拥有创业能力的专业人才，通过痛点分析、市场

研究、方案策划、产品原型开发、商业测试等一系列流程，将产品成功推向市场，并运用市场策略进行销售，同时掌握团队管理和客户服务、财务管理与市场营销等关键技能。在这一过程中，学会运用 STP、SWOT、设计思维、商业模式画布等工具和方法，对行业、市场、痛点进行深入分析，必将培育出高素质的创新创业人才。

（二）专业教育：创业教育的稳固基石

尽管当前创新创业教育已构建了一套相对完备的教育体系，涵盖了创业者研究、创业机会探索、创业项目选择策略、创业资源整合等多个方面，并配备了丰富的教育工具和方法，但总体而言，它仍然缺乏明确定义的教育场景。举例来说，由于缺乏深厚的专业背景，我们往往难以触及与特定行业息息相关的具体问题；在全校范围内广泛开设创新创业选修课程时，教师往往局限于传授基础理论和方法，难以形成广泛认可的通用教育场景。如果不同专业的学生都选择了与自己所在行业相关的场景，那么在课堂中可能会出现各行各业的项目，这将对教师提出新的、更高的要求。

解决专业众多、难以选择场景的问题，我们也许可以尝试将选修课程的学生按照专业相对集中的方式分班。然而，这一策略的实施也将面临挑战：需要为每个班级提供与其专业相关的老师来进行教学，这可能受到学校师资条件的制约，同时也增加了管理方面的难度。

综上所述，“专创融合”不能脱离学生所接受的传统的专业教育，而是应该依据其专业特征来进行有针对性的双创理论培养。脱离了专业和行业属性的创业教育，走的正是我们之前分析的：高等教育把自己封闭在“象牙塔”中，在与实践脱离的情况下开展人才培养的老路。

（三）“专创融合”改革：全员参与的协同创新之旅

“专创融合”是人才培养工作的重要改革，其重要性超越了以往的评估和检查。我们需要确保全校的教职员工都积极参与创新型人才的培养。不论是管理部门、党群部门、教学院系还是服务机构，无论是领导层还是职工，无论是教授还是辅导员，每个人都需要改变以前的工作、教学和管理方式。我们的核心目标是提高学生的创新意识和创业能力，因此需要研究出符合创新型人才需求的教学、管理、考核和服务模式。我们需要充分配置校内资源，提供各类服务，推动各种教学活动。每位教师都应该将教学、科研与行业、项目、市场需求相结合，从而能够体验到那些创业成功的杰出校友的经验。

全员参与到创新创业工作中，收获的不仅仅是教育者的成就感，也有学生的获得感。全员参与创新创业工作后，我们所有的工作、教学、研究也会自发地按照创新的方法和路径去转变，教职工的工作方式、学校事业发展中资源的使用效率、每个人的成就感也会得到提高。

第二章　高校“专创融合”的理论基础

高校“专创融合”作为一种推动创新创业教育与专业教育深度融合的新型教育模式，其理论基础是丰富多元的。这些理论不仅为“专创融合”提供了坚实的支撑，更为其发展方向提供了明确指导。在本章中，我们将系统性地探讨与“专创融合”密切相关的多个理论框架，包括人的全面发展理论、建构主义理论、创业胜任力模型理论、素质教育理论和多元智能理论。这些理论从多个维度和层次为我们全面理解“专创融合”的内涵与价值提供了重要视角。

第一节　人的全面发展理论

一、理论概述

马克思对资本主义社会中存在的“异化”现象进行了深刻的批判，他指出这种“异化”现象本质上源于资本主义社会对人的塑造方式。造成这种“异化”现象的原因，在于不同所有制基础上的生产分工。这种分工体系为资产阶级提供了丰厚的物质条件，使他们得以培养出多方面的兴趣和能力。然而，被压迫的工人阶级却生活在贫困、沉闷和单调的环境中，挣扎在温饱线上。

这种社会非正义同样深刻地渗透到现代资本主义国家的学校教育中。资产阶级的孩子享受的是贵族式教育，他们接受艺术、音乐、哲学、体育、管理等全方位的教育，为培养多方面的技能和独特的个性创造了条件。工人阶级的孩子则在普通的学校中接受基本的语言、算术和技能训练，为成为一个合格的技术工人而努力奋斗。马克思认为，这种源自社会非正义的分工，在教育系统中得到了最彻底的展现。这种立足于财产所有制的“异化”，导致整个代际遗传之间的“异化”，乃是最大的不正义。

基于此，马克思提出培养“新人”的设想，即摆脱了基于财产不平等、个人的自由而全面发展。这种思想一直在马克思对资本主义的批判中潜滋暗长。马克思的人的全面发展思想的萌芽在《1844年经济学哲学手稿》中已经出现[①]在手稿中，马克思指出，共产主义是人的自我异化的积极的扬弃，它是人向自己、向作为社会的人即合乎人的本性的人的自身的复回，这种完全的、彻底的复回，是在以往发展的全部的财富范围内生成的。马克思所表达的共产主义作为完成了的自然主义，等于人本主义；而作为完成了的人本主义，等于自然主义。

如果马克思在上述文本中提出的“合乎人的本性的人的自身的复回”这一表述还带有抽象人本主义的痕迹，那么他在《德意志意识形态》中进一步阐述关于人的全面发展的思想，并对“个人全面发展”概念进行了具体阐释。随后，这一思想在《共产党宣言》中被明确提出，表明共产主义者的理想目标是实现人的全面发展。这一重要论述为进一步丰富和完善马克思关于人的全面发展的思想提供了坚实基础。可以说，这种说法的转变显示了马克思已经摆脱了费尔巴哈式的抽象人本主义，而是基于社会发展的现实条件和发展规律来寻求和考察人的自由而全面发展的可能条件。

这种探索贯穿了马克思的一生，而《政治经济学批判大纲》和《资本论》的问世，意味着马克思立足现代经济发展的规律，找到了人类从“以物的依赖性为基础的人的独立性”的资本主义现代化转向“以人的自由而全面发展”的共产主义社会的发展规律，它标志着人的全面发展思想更加成熟。

总而言之，马克思的人的全面发展理论逐渐摆脱了抽象的人本主义，而是以社会分工、生产力和生产关系的全面性为基础的理论。在劳动自我异化、资本主义社会中，人仍然是片面发展的个体。在旧式社会分工下，人与自然和社会之间的矛盾未能得到真正解决。

马克思所表达的人的自由而全面的发展，是指作为社会存在物的个体人的全面发展，是社会生活中每个人即全体社会成员都普遍得到发展。每个人自由而全面发展的思想是马克思主义及其教育理论的核心和实质。这种指导思想，自新中国成立以来就成为社会主义教育事业发展的理论指南，并且随着社会形势的变化而不断得到推进。

马克思提出的人的全面发展是建立在脑力劳动与体力劳动相结合的基础上，是以历史唯物主义为基础的、科学的世界观。马克思主义关于人的全面发展的理论包括三个方面的内容：首先，人的全面发展是人的体力和智力的充分发展；其次，人的全面发展是个体的情感和道德的充分发展；最后，人的全面发展还表现为美感的充分发展。

---

① 王磊峰，廖声丰：《马克思关于人的全面发展的思想新探——以〈1844年经济学哲学手稿〉和〈共产党宣言〉两书为考察中心》，《江西科技师范学院学报》2012年第5期。

马克思主义关于人的全面发展观认为，人的全面发展的本质是充分、自由、全面地占有人类物质和精神文化成果，是人在体力、智力、情感和审美情趣诸方面协调和谐的发展。

在马克思看来，生产力的发展对人的全面发展提出了要求，而现实的生产关系则是决定人的全面发展的重要条件之一。马克思在《资本论》中进行了比较详细的分析。大工业生产要求“专精于一艺的部分个人，应当为全面发展的个人所代替，对于这样的人，各种社会职能，只是相互交替的活动方式而已”。大工业生产作为一种新型生产关系，对人的素质提出了新要求，同时也对教育提出了新问题。单一才能的人势必会被全面发展的人所代替。第三次工业革命后，这种要求愈发强烈了。

“全面发展教育理论要求学校及教师着眼于学生的发展，遵循学生的身心发展规律，通过各种教学方式为学生的全面发展提供条件，创造环境，使其在学习和掌握各类知识的同时，形成自我养成，并通过有效的社会实践和训练，促使学到的知识逐渐内化为自身相对稳定的思维方式和行为习惯，达到理解和运用知识，并最终促使其实现个体全面发展，成为能够适应未来社会发展的会生存、善学习、勇创新的复合型人才。

二、人的全面发展理论与创新创业教育的关系

创新创业教育是在市场经济条件下的素质教育的一种表现，以“创新、创造、创业”为核心，是对马克思的人的全面发展理论的现代诠释。马克思所描述的全面发展的人是那些能够积极参与社会生活，自由支配时间和行为，获得丰富物质和精神财富的个体，这与创新创业教育培养的人有许多相似之处。因此，实施创新创业教育是实现人的全面发展的现实途径，人的全面发展可以被视为创新创业教育的多维度要求。

创新创业教育的推广，实质上是对马克思关于人的全面发展理念的弘扬。然而，这种实践和推广不能仅仅停留在口头宣传上，而应该通过实际行动，积极推动教育体系的转变，以构建更有利于人的全面发展的教育体系为目标。

我们应该认识到，传统的专业教育模式是我国工业化初期的必然选择，旨在培养具备特定专业技术技能的人才。然而，随着中国工业化进程的深入推进，以及以信息化、智能化和自动化为代表的新科技革命的来临，专业教育的局限性日益显现。

因此，立足当前社会发展的现实基础，培养出既有专业素养又具备创新创业能力的全面发展型人才，已成为职业教育的发展趋势。这要求学校通过与政府、市场以及其他社会团体进行积极沟通并整合资源，建立起完善的学生全面发展体系，为学生的

全面发展创造更加有利、更加广阔的空间。

同样，高校应积极探索创新创业教育与专业教育有机融合模式，一方面是适应我国新时代新阶段高质量发展对人才培养的内在需求；另一方面，则是对于马克思人的全面发展理论在当前新发展阶段的实践。这种两相结合的思路本身就是在思想与现实之间张力下的探索，这种探索主要以人的全面发展体系的建立和完善为着眼点。

三、人的全面发展理论对“专创融合”的指导意义

马克思提出的人的全面发展理论，是马克思主义教育思想的重要组成部分，也为人的塑造、人的培养、人的教育和人的建设提供了理论基础和价值依据。研究马克思的人的全面发展理论，无论是对深入理解马克思的教育理论，还是指导创新创业教育与专业教育有机融合都具有积极的指导意义。

（一）人的全面发展应成为高校培养人才的核心理念

人的全面发展理论，作为马克思主义理论的核心内容和根本的价值目标，不仅为高校科学制定教育目标提供了重要理论依据，而且提供了指导方法。高校不仅要坚持对学生进行专业知识的传授，而且还要注重能力的培养。在专业教育基础上，充分发掘创新创业教育教学内容，将二者有机融合起来，贴近学生实际，对于提高创新创业教育的教学实效性、促进人的全面发展尤为重要。

（二）促进人的全面发展应积极建构多种平台和体系

促进人的全面发展不是一句空话。它一方面要求学校在落实这一理念的时候，要结合各种资源，为学生的多方面发展提供多样化的平台，满足学生差异性的要求；另一方面，学生全面发展的体系建设，就要求学校培养学生的多方面能力，它是专业教育由单一走向多元的必然要求。只有走出单一的“偏才”状态，走向多面的“全才”状态，才是具有创造性的人才。而这种创新型人才的培养，需要学校立足现实整合多方面的资源，建构多样性的育人的体系。

（三）促进人的全面发展应持续推动不同教育方式的融合与创新

建构人的全面发展的体系不能一蹴而就，也不是一劳永逸。随着社会的进步和科技的发展，学校教育面临着不得不进一步适应“社会化”的压力。推进创新创业教育与专业教育有机融合的探索，本身就是对高校“社会化”的一种探索。并且，随着社

会的发展，对创新创业教育与专业教育有机融合的探索也将进一步深化。这就要求我们对这种有机融合的人才培养体系进行进一步探索、发展、深化，也将会持续推动多种教育方式的融合、创新，在社会发展与坚持理念之间保持一种动态的平衡。

第二节　建构主义理论

一、建构主义的核心观点

维果斯基首次提出了建构主义理念，强调每个个体的认知方式和过程具有独特性，因此无法预测每个人的学习成果和学习状态。该理念主张教学的核心任务应侧重于促进学生的学习，而非单纯控制其学习过程。随着网络技术在教育领域的不断应用和发展，建构主义理论也在不断演变。在教学设计中，该理论将学生的发展置于核心位置，而非单纯追求教学目标。建构主义强调教师应以学生为中心，积极塑造有利于知识内化和能力培养的外部与内部环境。在此过程中，教师的角色转变为辅助者和促进者，而非主导者。建构主义认为，传统的一体化课堂教学模式无法充分凸显学生的主体性和个性化，从而阻碍了个性发展和优势发挥。因此，它主张因材施教，充分发挥学生的主动性，鼓励学生与教师进行直接互动，将教师视为学习的引导者而非主导者。

二、建构主义视角下的教学观

建构主义理论认为，学习需要发生在情境中，在社会交往以及与周围环境的交互过程中，通过解决问题获得技能。在这样的过程中，学生掌握着学习进程的主动权，实现构建好的学习目标。建构主义是培养学生创造能力的最好方式，它能够最大限度地激发学生的积极性和主动性，尤其对于学生理解复杂知识以及高级技能的习得方面更是有着得天独厚的优势。

建构主义的学习观强调，学生应利用现有的知识经验积极构建新知识。学习的核心在于学生以自身为主体，借助自身习得或其他方式来获取知识，建构出知识框架并总结出学习目标。学生在知识建构行为中，虽然外界帮助是不可或缺的因素之一，但建构主义认为，学生会主动建构自己的知识。学习是一个同化、顺应、再同化、再顺应的周而复始的过程。同时，带有反思性的学习实践，可以使学生利用以往的经验来理解或评价当前的状态，反过来，它会影响今后的实践，并形成新的内容，体现为学习是再创造的(教育)活动。

建构主义的教学观以提升学生自主意识为基础。首先，它强调了“学”的重要性，与传统以“教”为主的教育理念形成鲜明对比。其次，与传统课堂教学模式相比，建构主义将设立教学情境作为教学的有效措施之一。再者，它强调了学生的主体实践活动的重要性。最后，建构主义认为，教师在引导学生建构知识框架时，应以其丰富的知识来激发学生的学习积极性，进而在提升学习技能的过程中突出学生的主体地位，借助自身的优势来培养自我管理能力；而教师的职责和任务是为学生提供现实世界的真实问题，辅导学生并为其创造一个良好的学习氛围与环境，使教师从权威角色过渡为学生学习的辅导者或合作者。在课堂教学的过程中，教师可以结合学习过程中的内容，通过设计相应实践来提高学生的学习积极性。教育的前提是以学生为主体，充分发挥学生的主体作用。

三、建构主义对“专创融合”教学的启示

在建构主义的影响下，实际教学更加注重学生的“学”而非教师的“教”。它强调实践教学过程的生动性，创设强烈的课堂教学情境，鼓励师生合作学习和明确的目标导向，同时激发学生的积极性。这种方法改变了传统教学中过分注重专业知识传授的模式，促进了专业教育与创新创业教育的融合。

建构主义的教学观为“专创融合”教学提供了重要的启示。首先，要充分发挥学生的主体地位。学生不仅是知识的接受者，更是创新实践的参与者。学生应主动参与学习过程，通过问题解决和实践活动来建构自己的知识体系。因此，“专创融合”教学应该注重学生的参与和互动，鼓励学生主动探索和发现新知识。其次，要注重学习情境的创设。在“专创融合”教学中，学习情境的创设对于激发学生的学习兴趣和动力至关重要。建构主义认为，学习发生在情境中，通过与周围环境的交互，学生可以获得更多的实践经验和知识。因此，“专创融合”教学应该注重创设与现实生活相关的情境，让学生在实践中学习，在学习中实践。此外，要引导学生反思性学习。在“专创融合”教学中，反思性学习帮助学生回顾和总结自己的学习过程，发现不足并寻求改进。通过反思，学生可以更好地理解自己的学习需求和学习方式，从而更加有效地进行学习和创新。因此，“专创融合”教学应该注重培养学生的反思意识和能力，引导学生进行深入的思考和总结。最后，要转变教师的角色定位。建构主义认为，教师在“专创融合”教学中应扮演辅导者和合作者的角色。教师应该提供现实世界的真

实问题，为学生创造一个良好的学习氛围与环境，激发学生的学习积极性和创造力。同时，教师还应该关注学生的学习过程和学习成果，提供及时的反馈和指导，帮助学生不断完善自己的知识和技能。

通过建构主义理论的指导，我们可以改革教学内容，提供符合经济社会需要与发展的新知识信息。同时，合理利用现代化教学设备，重视合作学习，以更好地培养学生的创造能力和主动性。这种以学生为中心的教学理念有助于促进学生的全面发展，培养出更多具有创新精神和实践能力的人才。

第三节　创业胜任力模型理论

2009 年，美国创业教育协会与就业和培训局联合教育、商业和各行业领袖，制定了一项全面的涉及所有职业领域的创业胜任力模型(图 2-1)。

图 2-1　创业胜任力模型

该模型横跨所有职业领域，旨在清晰描绘出成功创业所需的关键能力。其核心理念在于帮助教师、学生、培训人员及潜在员工深入了解创业之路上所需的能力与素质，进而完善和发展面向青少年及成年人的创业教育课程，最终提高创业意识。

该创业胜任力模型以金字塔结构呈现，共分三个层次、九个具体能力指标。从基础到专业，每个层次的能力指标都体现了创业者在不同阶段所需的核心能力。

一、基础创业能力指标

(一) 个人能力

创业之路充满挑战，因此，创业者需要具备一系列个人能力来应对各种情况。这些能力包括但不限于：

交际能力：良好的交际能力是建立人脉、寻求合作、解决问题的基础。创业者需要与各方进行有效的沟通和交流，以达成共识、推进项目。

工作欲望：强烈的内在驱动力和对成功的渴望是创业成功的关键。创业者需要对自己的事业充满热情，不断追求进步和突破。

适应能力：创业环境多变，创业者需要具备快速适应新环境、新挑战的能力。这包括对市场变化、政策调整等外部因素的敏锐洞察和灵活应对。

应对危机的能力：创业过程中难免会遇到各种困难和挑战，创业者需要具备冷静应对、化解危机的能力。这要求创业者具备强烈的心理素质和应变能力。

学习能力：持续学习是创业者的必备素质。随着市场的不断变化和技术的快速发展，创业者需要不断更新自己的知识和技能，以适应新的需求和挑战。

（二）学术能力

除了个人能力外，创业者还需要具备扎实的学术能力作为支撑。这些能力包括但不限于：

读、写、算能力：创业者需要具备良好的阅读、写作和计算能力，以处理各种商业文书、报告和数据分析等工作。

语言能力：流利的语言表达和沟通能力对于创业者来说至关重要。无论是与团队成员、投资者还是客户进行交流，都需要清晰、准确地传达自己的思想和意图。

分析思考能力：创业者需要具备深入分析和解决问题的能力。这包括对市场需求、竞争态势、商业模式等方面的深入分析和思考，以制定有效的商业策略。

（三）工作能力

在创业过程中，创业者还需要具备一系列工作能力来推动项目的实施和团队的管理。这些能力包括但不限于：

创造性思维：创业者需要具备敏锐的洞察力和丰富的想象力，以发现新的商业机会和创新点。他们需要不断挑战传统思维模式，寻求突破和创新。

组织能力：创业者需要具备强大的组织能力，能够有效地调度资源、安排任务和管理团队。他们需要确保项目的顺利进行和团队的高效运作。

处理问题能力：创业过程中会遇到各种问题和挑战，创业者需要具备快速响应和解决问题的能力。他们需要冷静分析问题的本质和根源，制定有效的解决方案并付诸实施。

人际关系能力：创业者需要具备良好的人际关系能力，能够与团队成员、合作伙伴和客户建立良好的关系。他们需要懂得如何与人相处、沟通和协调，以达成共同的目标。

计算机操作能力：在现代商业环境中，计算机操作能力已成为创业者的基本素质。他们需要熟练掌握各种办公软件和工具，以提高工作效率和准确性。

二、行业相关的创业能力指标

除了基础创业能力外，创业者还需要具备与所在行业相关的特定能力。这些能力因行业而异，但通常包括以下几个方面。

（一）广泛的技术能力

创业者需要具备广泛的技术能力，以适应不断变化的市场需求和竞争态势。这些能力包括但不限于：

革新能力：创业者需要具备创新思维和敏锐的市场洞察力，能够发现新的商业机会并推动产品创新。

金融管理：创业者需要了解基本的金融知识和管理技巧，以有效管理企业的财务状况和风险。

商业运作：创业者需要熟悉商业运作的基本规律和流程，能够有效地组织和管理企业的日常运营。

（二）特定的技术能力

除了广泛的技术能力外，创业者还需要具备与所在行业相关的特定技术能力。这些能力因行业而异，但通常包括以下几个方面：

青少年创业：对于青少年创业者来说，他们可能需要具备更强的创新能力和市场敏锐度，以应对年轻人群体的特殊需求和挑战。

小企业发展：对于小企业创业者来说，他们可能需要更加注重成本控制和运营效率提升等方面的能力。

高价值创业：对于高价值创业领域的创业者来说，他们可能需要具备更高的技术门槛和更丰富的行业经验，以支撑其项目的成功实施。

社会创业：对于社会创业领域的创业者来说，他们可能需要更加注重社会责任和可持续发展等方面的能力。

三、专业化的创业能力指标

随着创业领域的不断细分和专业化程度的提高，创业者需要具备更加专业化的能力来应对市场的挑战和机遇。这些能力包括但不限于以下几个方面：

（1）专业化知识领域：创业者需要具备深厚的专业知识背景和行业经验，以支撑其在特定领域的创业活动。这要求他们不断学习、积累并更新自己的专业知识。

（2）专业化技术能力：除了基础知识外，创业者还需要具备与所在领域相关的专业技术能力。这些能力可能包括技术研发、产品设计、市场营销等方面的专业技能。

（3）职业特定需求：不同职业领域的创业者可能需要满足不同的特定需求。例如，科技领域的创业者可能需要具备更强的技术创新能力，而文化领域的创业者则可能需要具备更丰富的创意和策划能力。

（4）管理能力：随着企业规模的扩大和团队人数的增加，创业者需要具备更强的管理能力来应对日常运营和团队管理的挑战。这包括人力资源管理、财务管理、项目管理等方面的能力。

创业胜任力模型在美国获得了广泛的认可和应用。它不仅为课程设置和教学方法提供了有力的理论支撑，还成为创业课程开发和课程体系建设的主要依据。各专业可以依据此模型，将培养内容具体化，确保教育目标与行业需求紧密相连。同时，这一模型也是评估课程效果和创业教育成效的重要工具。通过观察和测量受教育者在接受创业教育后创业胜任力指标的发展情况，可以更加准确地评估创业教育的效果，并据此不断调整和优化教育内容和方法。

第四节　素质教育理论

20 世纪 80 年代，素质教育的热潮开始在我国教育界涌动，经历了萌芽、实验推广和全面推进等阶段的发展演变。1985 年 5 月，《关于教育体制改革的决定》提出，教育体制改革的根本目的是提高国民素质，多出人才，出好人才①

一、素质教育

所谓素质教育，就是通过科学教育途径，充分发掘人的天赋条件，提高人的各种

① 吴世花：《“素质教育”的发展与三中全会的历史意义》，《高等教育研究》1999 年第 1 期。

素质水平，并且使其得到全面、充分、和谐发展的教育。简而言之，素质教育就是全面提高与发展人的素质的教育。21 世纪是知识经济时代，创新能力逐渐成为一个国家综合国力的象征之一。因此，素质教育的深入研究以及全面推进更加刻不容缓。素质教育的内涵可以从多个角度来解读。

（1）从教育目标的角度来看，素质教育的目的是全面培养和提高教育对象的综合素质，重点培养学生的创新精神和实践能力，使其成为德、智、体、美、劳全面发展的合格公民。

（2）从教育功能角度来看，素质教育依据人和社会发展的需要，以全面提高全体学生的基本素质为根本目的，尊重学生的主体地位和主动精神，并且注重形成人的健全个性。

（3）从学校教育的角度来看，素质教育的内容应包括学生身体素质教育、心理素质教育、科学文化素质教育、道德素质教育、思想素质教育、劳动素质教育和审美素质教育七个方面，它们之间既相对独立，又密切联系，互相促进。

从素质教育的内涵可以看出，素质教育除了具有基础性特征外，其最突出的特点即全面性、主体性和发展性。它关注每个学生的个体差异和潜能发展，致力于为他们提供个性化的教育方案和资源，帮助他们建立自信，培养终身学习的意识。

二、素质教育实施

素质教育以学生的全面发展为核心，注重生理、心理和文化三个维度的培养。在生理素质教育方面，立足学生的先天禀赋，致力于开发其生理潜能，为他们的健康成长奠定坚实基础。在心理素质教育方面，着重培养学生健康的心理品质，促进其情感的成熟与稳定，使他们具备面对挑战和困难的能力。在文化素质教育方面，通过环境和教育将人类的精神文化成果（如道德、科学、艺术等）内化为学生的认知结构，培养他们的科学精神和人文素养。在实施素质教育的过程中，我们特别强调以下三个方面。

（一）强调学生全体发展

素质教育最根本的要求是要对每个学生负责，为每个学生的素质发展创造必要的基础条件，为每个学生提供公平的受教育机会。为了实现学生的全体发展，教育者需要创造一个包容、平等的学习环境，鼓励学生积极参与，并充分发挥他们的潜能。同时，教育者还需要关注那些在学习上遇到困难的学生，为他们提供额外的支持和帮助，确保他们不会落后于其他同学。此外，全体发展还强调教育者的责任感和使命感。教育者应对每个学生负责，关注他们的成长和发展，为他们的素质提升创造必要的基础条件。这包括提供丰富多样的教育资源、设计个性化的教育方案、建立公正透明的评价体系等。

（二）强调学生的全面发展

人的发展是整体性的，学生的素质包括身体、心理、科学文化、道德、思想、劳动和审美等方面，只有各方面素质都发展的学生，才是全面发展的学生。为了实现学生的全面发展，教育者需要注重培养学生的各个方面素质。在课程设置上，应涵盖各个学科领域，提供多样化的学习体验。同时，教育者还应关注学生的心理健康和审美能力的培养，注重情感教育和人文关怀。此外，全面发展还强调学生的实践能力和创新精神。教育者应鼓励学生参与各种实践活动和社会实践，培养他们的动手能力和解决问题的能力。同时，还应注重激发学生的创新思维和创造力，为他们未来的职业发展和社会贡献打下基础。

（三）强调学生的个性发展

学生因遗传因素和后天成长环境的不同，导致在兴趣、个性、以及自我认知上产生差异。素质教育强调对这些差异的理解和尊重，关注每个学生的个体差异，推动每个学生的素质发展。在评价学生时，避免使用简单的标准，而是鼓励学生发挥自身潜力，以促使他们在原有基础上有相应的提高。个性发展则侧重于挖掘和培养学生的创造力，以释放他们的潜能。

在个性发展过程中，教育者需要关注每个学生的兴趣和特长，并为他们提供个性化的教育方案。这包括提供多样化的学习资源和课程选择，以满足学生的不同需求。同时，教育者还应鼓励学生发挥自己的特长和优势，帮助他们建立自信心和成就感。此外，个性发展还强调培养学生的自主学习能力和终身学习的意识。教育者应引导学生学会独立思考和自主学习，培养他们的学习兴趣和动力。同时，还应注重培养学生的适应能力和创新精神，使他们能够在未来的生活和工作中不断学习和成长。

三、素质教育与创新创业教育

随着时代的变迁和社会的发展，素质教育被赋予了新的历史任务。特别是在当前创新驱动发展的背景下，创新创业教育成为高等教育改革的重要方向之一。2015 年 5 月 4 日，《关于深化高等教育创新创业教育改革的实施意见》（国办发〔2015〕36 号）

明确指出，在全面贯彻党的教育方针，落实立德树人根本任务的指导思想指引下，坚持创新引领创业、创业带动就业，主动适应经济发展新常态，以推进素质教育为主题，以提高人才培养质量为核心，以创新人才培养机制为重点，以完善条件和政策保障为支撑，促进高等教育与科技、经济、社会紧密结合，加快培养规模宏大、富有创新精神、勇于投身实践的创新创业人才队伍。深化高校创新创业教育改革，树立先进的创新创业教育理念，面向全体、分类施教、结合专业、强化实践，促进学生全面发展，提升人力资本素质，努力造就大众创业、万众创新的生力军。

在此基础上，《关于进一步支持大学生创新创业的指导意见》（国办发〔2021〕35号）指出：落实立德树人根本任务，立足新发展阶段、贯彻新发展理念、构建新发展格局，坚持创新引领创业、创业带动就业，支持在校大学生提升创新创业能力，支持高校毕业生创业就业，提升人力资源素质，促进大学生全面发展，实现大学生更加充分更高质量就业。

由此可见，素质教育与创新创业教育的融合共进已经成为高等教育改革的重要方向。通过推进素质教育，培养学生的创新精神和实践能力，不仅可以提升他们的就业竞争力，还能为国家的创新驱动发展战略提供有力的人才支撑。同时，创新创业教育的深入实施，也能够进一步推动素质教育的理念和方法在高等教育中的普及和应用。

第五节　多元智能理论

一、元智能理论

多元智能理论是由20世纪80年代美国哈佛大学教育研究院心理发展学家霍华德·加德纳提出。多元智能理论认为，每个人有八种主要智能，即语言智能、音乐智能、逻辑数理智能、空间智能、运动智能、内省智能、人际交往智能、自然观察智能，如图2-5所示。每个人每种智能的发展程度因遗传、外部环境和所受教育等因素有所不同，因而学生的优秀智能也呈现出差异性。

图 2-5　多元智能理论示意图

（一）语言智能

语言智能指的是个人熟练运用语言，包括听、说、读、写，能够有效地描述事件、表达思想，以及与他人进行高效交流的能力。这种智能在一些职业中表现尤为卓越，比如，记者、编辑、作家、演说家以及政治领袖。例如，丘吉尔就是一个出色的演说家，尽管与特定领域的知识关系不大，但他的口才能力使他成为杰出的政治领袖。这种能力通常是与生俱来的，与知识面无直接关联。

（二）音乐智能

音乐智能是一种人类智力，它涵盖了人们对音乐的感受、辨别、记忆、改变和表达能力。这种智力在个体身上表现为对音乐美感的反映，其中包括对节奏、音准、音色和旋律的感知度，以及通过作曲、演奏和歌唱等手段表达音乐的能力。作曲家、指挥家、歌唱家、演奏家、乐器制造者和乐器调音师等职业人士在音乐智力方面通常表现出色，如音乐天才莫扎特。

（三）逻辑数理智能

人的运算和推理能力，通常体现为对类比、对比、因果和逻辑等关系的敏感，以及通过数理运算和逻辑推理进行思维的能力。这是一种相对显著的理性逻辑思维能力的体现，对数字、物理、几何、化学等理科高级知识有着超常人的表现。对于那些习惯于理性思考的人来说，这种能力在侦探、律师、工程师、科学家和数学家等职业领域中通常会有较为突出的表现，如相对论的提出者爱因斯坦。

（四）空间智能

空间智能是指涉及对物体空间关系的感受、辨别、记忆和改变，并借此表达思想和情感。它展现了对线条、形状、结构、色彩和空间关系的敏锐感知，以及通过平面图形和立体造型将它们表现出来的能力。此外，对宇宙、时空、维度空间及方向等领域的掌握和理解，体现了更高层次的智力，并依赖良好的理性思维基础习惯。这种智力在画家、雕刻家、建筑师、航海家、博物学家和军事战略家的身上有突出的表现，如画家列奥纳多·达·芬奇。

（五）运动智能

人的身体协调、平衡能力以及运动的力量、速度、灵活性等，具体表现为个体能够较好地控制自己的身体，对事件能够做出恰当的身体反应，以及善于利用身体语言表达自己的思想和情感的能力。这种智力在运动员、舞蹈家、外科医生、赛车手和发明家等人群中表现较为突出，如美国篮球运动员迈克尔·乔丹。擅长运动方面的特点是这种智力的一个重要表现，它能够有效地组织协调人的四肢，从而高效地释放运动能量。

（六）内省智能

内省智能指个体认识、洞察和反省自身的能力，表现为能够正确地意识和评价自身的情感、动机、欲望、个性、意志，并在正确的自我意识和自我评价的基础上形成自尊、自律和自制的能力。这种智力在哲学家、思想家、小说家等人的身上有比较突出的表现，如哲学家柏拉图。

（七）人际交往智能

人际交往智能指对他人的表情、说话、手势动作的敏感程度以及对此作出有效反应的能力，表现为觉察、体验他人情绪、情感和意图并据此做出适宜反应的能力。这些人往往具有相当大的蛊惑力或煽动性，会是组织的焦点，明星或者政客等。人际交往智能在教师、律师、推销员、公关人员、谈话节目主持人、管理者和政治家等人的身上有比较突出的表现，如美国社会活动家马丁·路德·金。

（八）自然观察智能

自然观察智能是指个体通过观察自然的各种形态，对物体进行辨认和分类，以及洞察自然或人造系统的能力，以便认识世界、适应世界。它是一种在自然世界里辨别差异的能力，包括植物区系和动物区系、地质特征和气候等方面的认知。同时，它也涵盖了对自身所处的自然环境规律的认知，如人体构造、季节变化、方向确立、磁极存在等，以及适应不同环境的生存能力。

每个人都在不同程度上拥有上述八种基本智能，智能之间的不同组合表现出个体间的智能差异。教育的起点不在于一个人有多么聪明，而在于怎样变得聪明，在哪些方面变得聪明。在加德纳教授看来，是以能否解决实际生活中的问题和创造出社会所需要的有效的产品的能力为核心，以此作为衡量智力高低的标准的。因此，智能是个体解决实际问题的能力和生产出或创造出具有社会价值的有效的产品的能力。

二、基于多元智能理论的教育理念

多元智能理论为我们提供了一种全新的视角来看待人的智能发展和教育问题。在这一理论的指导下，我们的教育理念也得到了深刻的重塑。这一理论主张人类的智能是多元化且相互独立的，每个人的智能都有其独特的表现方式和发展规律。因此，我们的教育理念也强调尊重每个学生的个性，提供多样化的教育环境和教学方法，以激发他们的潜能，促进他们的全面发展。

（一）弹性的、多因素组合的智能观

（1）多元智能中的各种智能不是以整合的方式存在，而是相对独立的，各自有着不同的发展规律，并使用不同的符号系统。

（2）因为每个人的智能都有独特的表现方式，每种智能又有多种表现方式，所以我们很难找到一个适用于任何人的统一的评价标准，来评价一个人的聪明和成功与否。

（3）在正常条件下，只要有适当的外界刺激和个体本身的努力，每个个体都能发展和加强自己的任何一种智能。人的智力发展受三种因素影响，即先天资质、个人成长经历和个人生存的历史文化背景，三种因素相互影响、相互作用。虽然人的先天资质对智能的类型起决定作用，但智能发展水平的高低更取决于个体后天的历史文化教育活动。

（二）全面的、多样化的人才观

（1）社会的发展需要多样化、层次化和结构化的人才群体。

（2）每个学生都有一种或数种优势智能，只要教育得法，每个学生都能成为某方面的人才，都有可能获得某方面的专长。

（3）传统的智力观和偏重语言、数理逻辑智能培养的教学观与评价观，极大地抑制了多样化人才的培养，放弃了许多人才的潜质开发，必须改变。

（4）人才的培养主要取决于后天的环境和教育作用。

（三）积极的、平等的学生观

（1）每个学生都或多或少具有八种智能中的几种，只是其组合的方式和发挥的程度不同。

（2）每个学生都有自己的优势智能领域，人人拥有一片希望蓝天。

（3）每个学生都具有自己的智能特点、学习风格类型和发展特点。

（4）学校里不存在差生。学生的问题不是聪明与否的问题，而是究竟在哪些方面聪明和怎样聪明的问题。

（四）个性化的因材施教的教学观

1. 每个学生都具有在某一方面或几方面的发展潜力，只要为他们提供了合适的教育和训练，每个学生的相应智能水平就能得到发展

因此，教育应该为学生创设多种多样的，有利于发现、展现和促进各种智能的情景，为学生的学习提供多样化的选择，使学生能扬长避短，激发潜在的智能，充分发展个性。

2. 在注重全面发展学生的各种智能的基础上，更加注重个性的发展

将“全面发展”与“个性发展”有机地统一起来，教学就是要尽可能创设适应学生优势智能发展的条件，使每个学生都能成才。

3. 由于不同的智能领域都有自己独特的发展过程和所依托的不同符号系统

因此，不同的教学内容需要运用不同的教学技术，以适应不同的智能特点。

4. 教学应当采用丰富多样的、适应性的、广泛选择性的

即使是相同的教学内容，针对每个学生的不同智能特点、学习风格和发展方向，教学也应当采用丰富多样的、适应性的、有广泛选择性的教学技术。

（五）多种多样的、以评价促发展的评价观

主张通过多种渠道、采取多种形式、在多种不同的实际生活和学习情景下进行的，切实考查学生解决实际问题的能力和创造出初步产品（精神的、物质的）能力的评价，是一种超越了传统的以标准的智力测验和学生学科成绩考核为重点的评价取向，这种评价观坚持三大评价标准：

（1）必须是智能展示，必须具有发展眼光，必须和学生建议的活动相关联。

（2）主张评价是手段而不是目的，从单一的纸笔测验走向多种多样的作品评价，从重视结果评价走向基于情景化（专题、作业、作品集）的过程评价。

（3）推崇的是一种更自然、对情景更敏感、生态学上更可行的评价方式，评价是双方参与的一项活动。

（六）未来学校观

未来的学校走向是向“以个人为中心的学校”方向发展，这种学校将扮演以下三种典型的角色：

（1）评估专家。

（2）学生——课程代理人。

（3）学校——社区代理人。

多元智能理论主张，学校教育应当与多元化、个人化、合作化的社会价值观相契合。推动教育改革向该方向发展的关键要素包括评估体系、课程设置、师范教育和教师进修制度以及社区参与程度。这些要素的共同作用将有助于构建更加符合多元智能理论的未来学校模式，为学生的全面发展提供有力的支持。

三、多元智能理论与创新创业教育

以多元智能理论为指导，积极推进创新创业教育人才培养模式，全面面向全体学生，同时关注个体的差异性，重视学生个性发展，并注重学生综合素质的培养。在教

育过程中，以欣赏的眼光肯定学生的差异性和多元性，充分发挥学生的个性，运用多元化的手段将创新创业教育贯穿学生培养的各个环节。采用多样化的教学方法，正确引导和挖掘学生的智能优势，培养学生的创新意识，激发学生的创新创业潜能。此外，还需锻造学生终身学习与发展的能力，提高学生的就业竞争力，推动学生创新创业素质的提高。最终目标是让每位学生得到充分发展，具备创新精神、创业意识和创新创业能力的高素质技术技能人才。

第三章　高校“专创融合”的现状

随着时代的进步和科技的发展，创新创业能力的培养已经逐渐上升为高等教育体系中的核心使命之一。高校，作为知识的殿堂和人才的摇篮，肩负着为社会输送具备创新精神和实践能力人才的重任。在这样的时代背景下，将创新创业教育与专业教育深度融合，不仅是高校教育改革的重要方向，更是培养具有全球竞争力的创新型人才的关键所在。“专创融合”不仅代表着未来创新创业教育的必然趋势，更是挖掘专业课程中蕴含的创新创业教育资源、优化创新创业人才培养机制、推进学生创新创业与专业素养一体化发展的必要手段。这种融合教育模式的实施，不仅有助于培养学生的创新精神、创业意识和创业能力，更能通过优化人才培养机制，为学生提供更广阔的创业就业空间，从而推动学生实现高质量创业就业，为社会经济的持续发展注入新的活力。

“专创融合”仍面临诸多挑战，如如何确保创新创业教育与专业教育的深度融合、如何构建有效的融合机制、如何平衡创新创业实践与专业学习的关系等。从“专创融合”的现状入手，为我们提供了一个观察高校创新创业教育与专业教育融合实践的窗口。通过深入分析高校的“专创融合”实践案例，我们可以清晰地看到，尽管不同高校在融合路径、实施策略上可能存在差异，但都致力于在课程设置、师资培养、实践平台建设等方面寻求创新与突破。这些实践不仅丰富了创新创业教育的内涵，也为专业教育注入了新的活力。深入剖析其成功经验与存在问题，对于推动高校创新创业教育与专业教育融合工作的深入开展，具有重要的现实意义和理论价值。

第一节　个案分析：G 学院“专创融合”实践策略

个案分析可以深入挖掘特定案例的详细情况，了解其内在逻辑和运行机制，从而更全面、细致地理解某一现象或实践，还能为其他高校提供有益的借鉴和参考。在当前高校创新创业教育与专业教育融合的大背景下，对某一具体高校“专创融合”的成功案例进行深入分析，有助于我们更好地理解创新创业教育与专业教育融合的现状、问题及其解决方案，为其他高校提供可借鉴的经验。

一、 G 学院“专创融合”实践策略剖析

选择 G 学院作为背景分析的对象，主要是基于其在创新创业教育与专业教育融合方面的卓越实践和显著成效。G 学院不仅构建了“三年不间断、“专创融合”、四阶递进”的专业人才培养方案，还通过推进创新创业教育教学改革、搭建实际的创新创业实践服务平台和项目孵化平台等措施，有效地促进了创新创业教育与专业教育的融合。这些实践经验和成果对于其他高校来说具有重要的参考价值。此外，G 学院作为国家级创新创业教育实践基地建设单位，其成功经验和做法对于推动高校创新创业教育与专业教育融合具有重要的示范和引领作用。同时，通过对分析 G 学院在“专创融合”过程中存在的问题和挑战，积极探索有效的解决方案，还能为其他高校在面对类似问题时提供有益的启示和参考。因此，本书选择 G 学院作为个案分析的对象，旨在通过对其成功经验和问题的深入分析，为其他高校提供有益的借鉴和参考，推动高校创新创业教育与专业教育融合工作的深入开展。

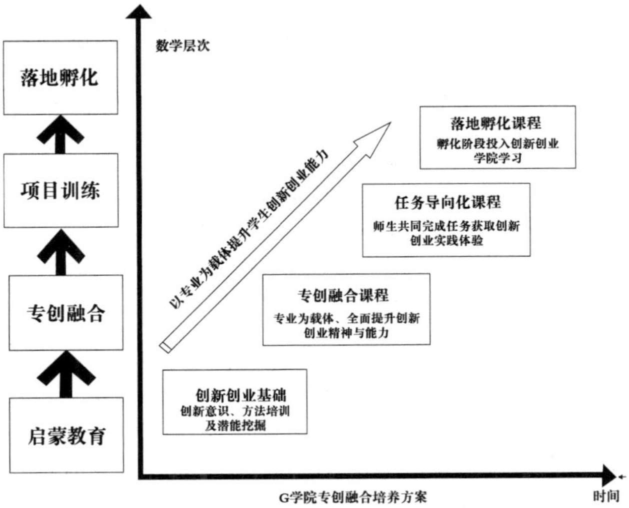

图 3-1　G 学院“专创融合”人才培养方案

G 学院在创新驱动战略的助推下，成为首批“国家示范性高等职业院校建设计划”的 28 所立项建校之一，借助“专创融合”的一系列具体方案，荣获“2015—2020 深化高校创新创业教育改革优秀成果奖”“全国毕业生就业典型高校 50 强”及中国特色高水平高职学校建设单位 30 强等称号。G 学院的《创新小白实操手册》和《创业小白实操手册》更是获得创新创业教育全国优秀教材三等奖，并于 2022 年获

评首批国家级创新创业教育实践基地建设单位。与此同时，G 学院发起成立双创教育研究中心和中国双创教育虚拟联合教研室，创新创业教育实践及“专创融合”工作开展的经验，目前已有 54 所高校成为会员，覆盖全国 23 个省市自治区。其推进“专创融合”发展的实践策略主要体现在以下几个方面。

（一）因地制宜：结合区域产业发展设计融合方案

G 学院坚持党和国家方针政策的领导，积极稳步推进“双高”院校建设，对接粤港澳大湾区特色支柱产业，重点产业和战略新兴产业的基础上，聚焦广东产业集群发展需求动态优化专业设计，根据《广东省国民经济和社会发展第十个五年规划和 2035 年远景目标纲要》指出广东致力于有效提升全省的科技创新能力，加快建设现代化产业体系，努力实现城镇化、农业现代化、新型工业化、信息化。新时期高校的目标主要是为区域社会的发展提供创新型高技术技能人才支撑，创新型技术技能人才的培养需要多方面循序渐进的支持，关键是创新创业与专业教育融合加持，实现多主体，多层面协同培养创新型技术技能人才。为满足本省国民经济和产业发展方向所要求的人才素质，G 学院统筹高校“专创融合”的顶层设计。推进创新创业教育与专业教育融合的过程中，结合 G 市位于粤港澳大湾区的特色产业资源聚集地，坚持发展实体经济战略指引，扎实推进，为质量强省、制造强省的建设提供相应的高素质创新型技术技能人才，G 学院主要通过“专创融合”的培养方式，促进学生技术技能提升、就业创业能力、社会适应能力，比如，2022 届学生就业落实率达到 98%（如图 3-2 所示）。

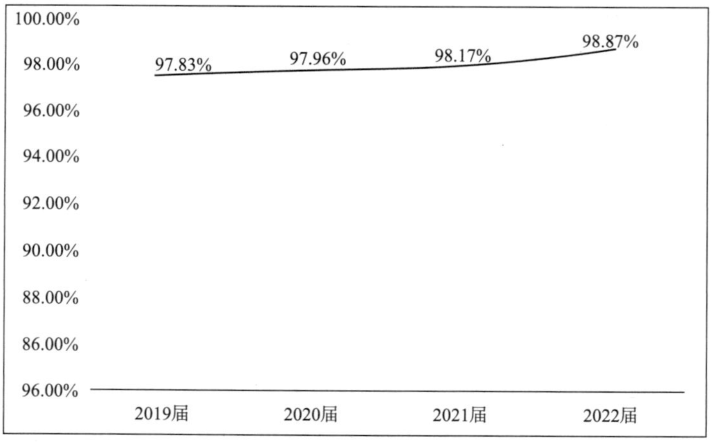

图 3—2　G 学院 2019-2022 届毕业生就业去向落实率

其中，G 市政府将珠宝首饰产业列为集中力量重点建设的特色支柱产业。致力发展服务粤港澳大湾区、辐射全国、面向全球的世界级珠宝产业集群。为顺应 G 珠宝产业转型升级发展，在校行企政府四方支持下，G 学院成立“钻汇珠宝时尚产业学院”整合产业链上下游的资源优势，组建钻汇产业班。学校坚持“专创融合”与产教融合，着力打造促进创新型技术技能人才培养的“G 学院模式”：学校将创新创业教育融入人才培养方案，力图将创新创业教育贯穿人才培养全过程：统一质量标准，将文理科学生分类施教，坚持从日常生活到产业需求的创新创业实践，逐级递进提升、形成创新创业基础课+“专创融合”课程+项目化课程+孵化落地的课程体系、创新教学方法，形成以学生实践为主线的真项目—真过程—真交付—真产品—真报酬的“五真课堂”、梯度实践训练，实现育人全覆盖。在安排学生实践项目训练环节，结合区域产业发展制定“专创融合”工作实施方案，有利于学校培养出合区域产业发展所需的专业技术扎实又具备创新创业能力的高技术技能人才。G 学院毕业生就业落实整体较好，毕业生就业专业对口率(如图 3-3 所示)稳中有升。

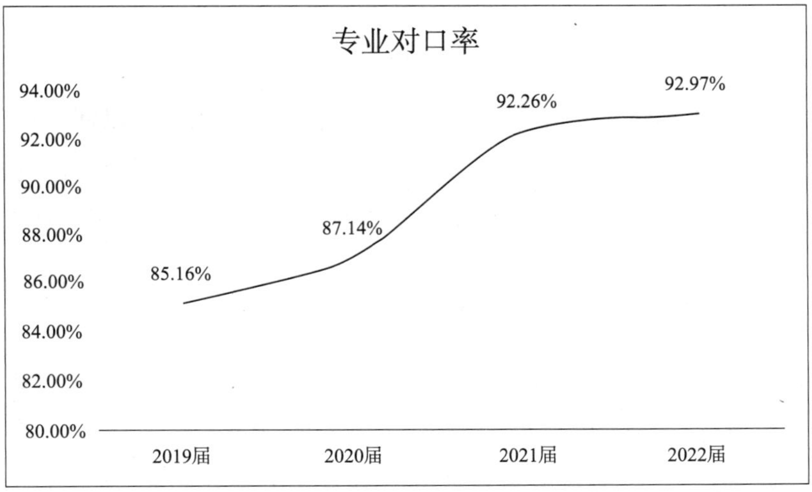

图 3-3　G 学院 2019—2022 届毕业生就业专业对口率

G 学院坚持以质量为核心的内涵式发展道路，重点培养高素质创新型、复合型技术技能人才，持续深化产教融合、“专创融合”、创业教育体质机制改革，致力对接“一带一路”倡议、为广东省乃至大湾区经济和产业发展提供高素质创新型技术技能人才支撑，近年来，G 学院人才培养质量稳步提升，用人单位对 G 学院毕业生满意度较高（如图 3-4 所示），总体反馈学生综合素质较好。

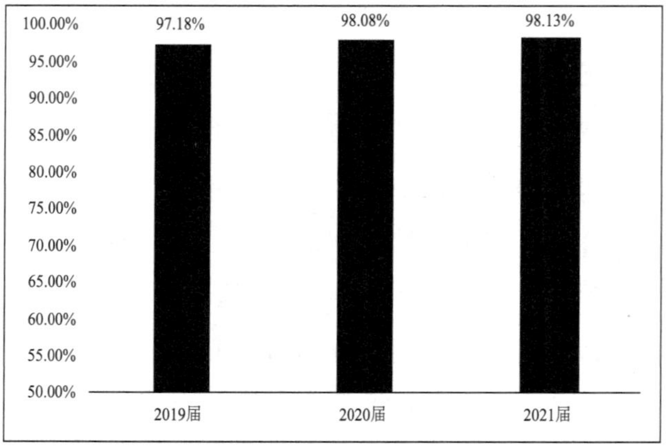

图 3-4　G 学院毕业生用人单位满意度

（二）课程创新：全面开发“专创融合”课程体系

当前，社会劳动市场对技术技能人才创新素质的需求不断上升，要求应用型人才不仅具备卓越的技术技能，还要具备创新思维和创新创业能力，以便适应复杂的工作和社会环境，快速适应新的岗位需求，并能在关键时刻进行创新性问题解决和技术突破。因此，高校作为高技术技能人才培养的基地，必须紧密顺应经济社会发展需求，制定相应的人才培养计划。大多数高校开展创新创业教育的目标是提升技术技能人才的创新创业能力。但在实际情况中，高校通常同时进行创新创业教育和专业教育，导致两者之间存在明显分割的问题，主要表现在专业课程和创新创业教育课程的割裂。具体表现为课程目标、课程内容和课程结构上的不协调。

目前，“专创融合”已成为高校深化教育活动改革的重要措施，被视为破解创新创业教育与专业教育脱离的有效途径。在高校推进“专创融合”工作过程中，创新创业教育与专业教育课程融合的建设有着举足轻重的地位，发挥着关键性的作用。关于开展“专创融合”工作的初衷，从学校开展创新创业教育之初，便是响应国家大众创业、万众创新的号召，促进学生就业创业，解决就业问题。然而，随着近年来企业对学生技术技能及综合能力的要求越来越高，我们不断探索和改进教育教学方式，努力提升区域企业等用人单位对学校和学生的满意度，并为所在产业发展贡献技术技能人才提供支撑。

两年前，G 学院开始在部分教师和学校领导积的极倡导下，实行创新创业教育与专业教育结合的试点工作。例如，围绕 G 市建立国际时尚之都和全球时尚湾区的发展目标，结合本市珠宝首饰产业向世界珠宝、G 市智造的转型，打造珠宝首饰技术与管理专业群。其中，钻汇珠宝时尚产业学院成为我校珠宝首饰技术与管理专业学生进行“专创融合”的实践基地和品牌。该学院以培养珠宝产业急需的高素质创新型、应用型人才为重点，旨在提升学生专业技术技能的同时培养学生的创新创业能力，达到一石二鸟的效果。

在教务处和创新创业学院的共同支持下，项目组的教师精心设计出“专创融合”示范课程，形成了对其他教师的引领示范，产生了广泛积极的作用。G 学院紧跟区域产业发展趋势，明确岗位对人才能力的需求，积极推进“专创融合”的课程开发。此外，教务处鼓励并大力支持接受过创新创业师资培训的教师群体进行大范围“专创融合”的课程建设。

就 G 学院“专创融合”课程的开发，某教师表示：“由创新创业学院与教务处联合撰写并发布《G 学院“专创融合”教学改革示范课程建设指南》及《G 学院项目化课程建设指南》，其次，学校组织一年一次的‘专创融合’课程的申报与验收，其中只有经历过创新创业师资培训的教师能够申请‘专创融合’课程开展与立项，对立项的‘专创融合’课程有经费支持，我们原创性开发 36 技卡牌等 17 项创新教具(如图 3-5 所示)，帮助学生解决创新难点，推开创新过程的迷雾，为‘人人会创’奠定基础”。

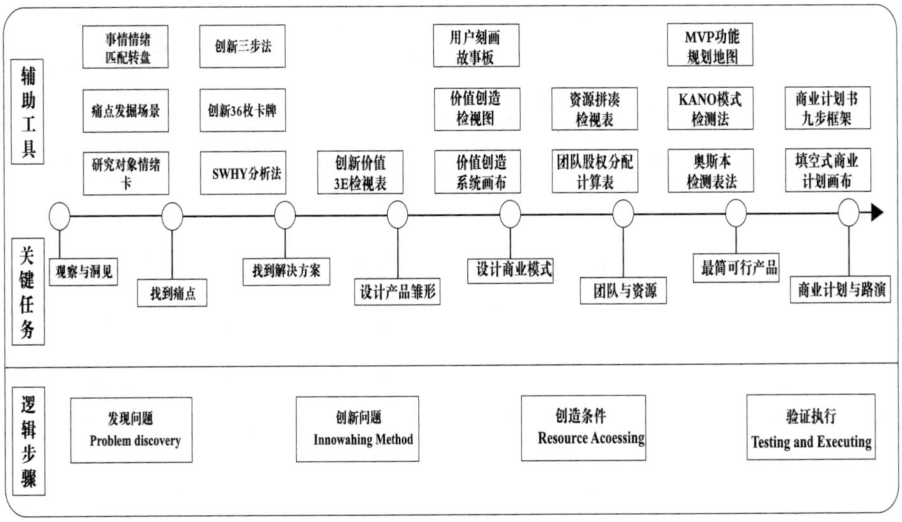

图 3-5　G 学院 17 项创新工具包

G 学院“专创融合”课程建设基于专业发展的规律及专业对接的产业或几个专业对接的产业集群的发展现状及前沿信息，开发了一批“专创融合”项目课程，提出从现实生活到产业需求，单一创新到复合创新的创新型技术技能人才培养路径。主要的成果有开发“创业小白实操”（在某平台累计选课人数达 10000 余人次），“创新小白实操”（在某平台累计选课人数达7000余人次）等基础课，遍布16个省和自治区，配套教材被10余所高校和3所本科高校选用，广泛推进专创课程开发得到了积极响应并取得了良好的成效，在校内及同等院校中起到了示范作用。

（三）师资提升：开展创新创业师资培训项目

在国家创新驱动战略的实施、创新强国的建设以及区域创新强省的建设过程中，培养创新型技术技能人才是一项极为重要的任务。这不仅需要创新创业学院或个别教师的努力，也不只是少数部门的责任，而是需要全校教师和领导的全员参与、全过程的关注以及全方位的支持。

其中，创新创业学院的工作人员和专业教师是直接参与创新型技术技能人才培养的重要力量。他们的工作有着密切的联系，教师队伍的素质水平对于“专创融合”工作的质量和效果具有决定性的影响。因此，G学院深知教师“专创融合”能力的重要性，并定期组织创新创业师资培训活动。

这些培训活动的内容丰富多样，包括提升教师对创新创业教育的理念认识、创业技能、创新创业基础知识以及开展一些提高创新思维的游戏活动。这些培训活动不仅有助于提升教师的专业素养，也为他们开发“专创融合”课程奠定了基础。

据调研了解，G学院每年都会由创新创业学院组织两次以上的创新创业师资培训。这些培训会根据不同的类型和模块进行，以帮助教师获得所需的创新创业教育知识和技能。负责人W表示，只有接受过创新创业师资培训的教师，才有资格申报“专创融合”课程。

目前，G学院已有超过500名的教师接受了创新创业师资培训，这个数字占据了学校授课教师的近一半。接受过培训的专业课教师在创新创业学院工作人员的指导下，积极结合自身专业知识和创新创业的知识和技能技巧，开发“专创融合”课程。这种积极的态度和努力的工作，为培养创新型技术技能人才提供了有力的支持。

（四）实践驱动：构建符合“专创融合”需求的校内实践平台

《国家职业教育改革实施方案》开篇即指出：职业教育与普通教育是两种不同的但具有同等重要地位的教育类型。职业教育是一种偏向培养应用型人才的，服务于区域产业、经济发展的实践性的教育。同样，创新创业教育也是一种复杂的实践活动，可以看出，创新创业教育专业教育融合有着天然的基础，就是二者同样强调通过实践教学活动培养人才，两种教育方式都强调实训实操平台和实践基地的建设。G学院在探索“专创融合”工作过程中，承担创新型技术技能人才的实训实操平台呈现课堂到实训室再到区域的产业及生产一线的特点。在课堂上教师采用行动学习的方式在实践中培养学生发现问题解决问题的能力，这也是创新创业项目开发的流程：发现问题，寻找创新方法，接着创造条件最后验证执行。在实训室或实践基地采用相同的方法，学生在与教师和同学的合作中完成创新创业项目训练，完成一个商业计划书，在实训实操中提升人才培养质量。G 学院将创新型技术技能人才的实践培养过程分为 6 学期(如图 3-6 所示)完成：第一学期进行专业知识和技能的学习；第二学期至第四学期校内实践模拟实训项目；第三学期到第五学期进行产业实践，组团接产业或者企业的在现实中真实项目；第四学期到第六学期主要以跨专业的项目化课程及创新创业活动，进行实战训练帮助企业产业解决现实中的困难。通过上述阶段和实际的训练，培养学生解决问题的能力，提升学生的感知收获，这一过程提升教师对创新创业的认识，巩固专业知识、体验项目化课程促进教师成长、助力学校推动“专创融合”深化创新创业教育改革。创新创业学院 W 领导表示：2019 年，我校参加全国“联网+”大学生创新创业大赛，全校总共申报项目 2200 余项，累计参加学生近 6000 人次，每年双创实践活动学生覆盖面达 100%，我们认为这是积极推进“专创融合”工作后，学生经过平时项目训练的结果。G 学院每年的创新创业相关的大赛都有大量的来自教师和学生的项目，经过学校的选拔再参加全国的比赛。G 学院每年在创新创业相关的大赛中都取得了优异的成绩。诚然，比赛不是终极的目的，但是通过以赛促练的方式可以培养学生在实践过程得到创新能力、创业能力及专业能力的提升训练。从 G 学院学生和教师完成的项目来看，G 学院践平台和实践基地实训实操载体符合“专创融合”的实践需要。

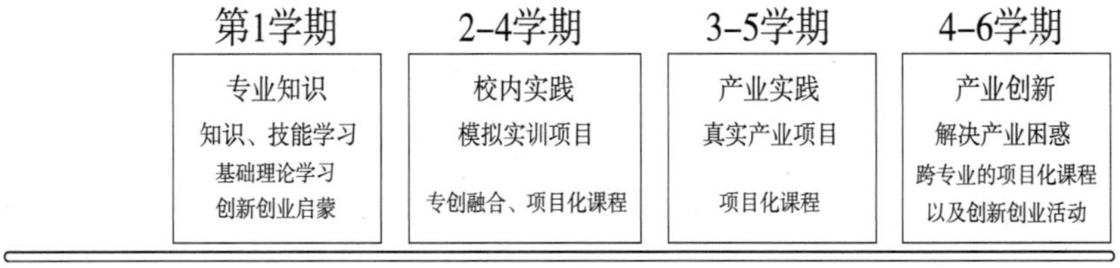

图 3-6　G 学院创新创业教育课程体系

综上，G 学院推进创新创业教育与专业教育融合培养创新型技术技能人才的过程中，厚植粤港澳地区的资源和区位优势，契合企业转型升级发展，推进技术研发和成果转化，为高校创新创业教育提供生长的土壤和根基，为专业教育的发展注入不竭的活力，增强了教师和学生的创新思维意识和创新创业能力。此外，在开展促进创新创业教育与专业教育融合的工作中，在校级层面的领导下，创新创业教育教师，教务处及二级学院专业教育教师积极参与“专创融合”方案制定、课程开发、项目设计及区域产业发展信息调研整合，与企业交流合作解决当前的挑战，为学校创新型技术技能人才培养目标打下基础，避免创新创业教育与专业教育出现两张皮和创新创业教育与产业发展脱轨的问题；而学生在创新创业导师和专业教育教师的共同指导下，通过“专创融合”项目的实践锻炼，了解所学专业未来的发展趋势，专业实践中提升创新创业能力和专业技术技能。因此，当前 G 学院开展“专创融合”成为提升创新型技术技能人才培养质量的动力源，推动创新创业教育与专业教育与产业发展相结合，并促进学校内涵式发展，同时也为区域产业转型发展提供重要的支撑。

二、高校“专创融合”实践的问题与挑战

目前，大多数高校开展了创新创业教育活动，建设了一批大学生创新创业园，创新创业实践基地，以促进创新型技术技能人才的培养，在一定程度上促进了高校创新创业教育的发展，但创新型人才培养的实际成效不理想。2015 年发布的《关于深化高等学校创新创业教育改革实施的意见》指出：创新创业教育与专业教育脱节，出现了创新创业教育与专业教育脱节割裂的现象。2019 年，教育部颁布《关于做好深化创新创业教育改革示范高校 2019 年度建设工作的通知》指出：“专创融合”的模式是做好双创工作的重点，推进创新创业教育与专业教育的融合成为破解这一困局的有力抓手，部分学校在实践探索的过程中有其融合的特点，但在推进全方位深度融合的过程中还存在一些问题。

（一）设计短板：缺乏一体化的融合方案设计

顶层设计的概念最初来源于系统工程学，其核心思想是指完成某项任务时，领导班子采用系统论的方法，充分发挥各个部门的职能作用对活动整体进行各个要素、流程、实施路径的统筹设计。从宏观角度来看，高校开展“专创融合”工作时缺少学校领导层面制定的“专创融合”工作整体性顶层设计，导致“专创融合”缺少所需资源、管理机制、经费和物质的支撑系统。领导班子系统性的顶层设计具有整合资源、优势互补形成教育合力的优点。当前高校专创融工作的规划呈现出封闭化、碎片化、机械化等问题。创新创业教育是一项具有较强实践性、跨界性、复杂性的活动，高校专业教育培养高素质技术技能人才同样是极具复杂性和实践性的活动，双方融合需要调动大量的人力、物力、财力。一方面，学校层面未能结合高校培养创新型技术技能

人才的目标，对“专创融合”工作进行一体化、整体性的规划设计。另一方面，很多教师对创新创业教育的观念存在偏差，甚至有误解的情况，在此复杂的背景下，更是难以调动各个二级学院广泛参与到“专创融合”的活动中。即使个别职能部门或学院开展“专创融合”工作，没有方针政策的指引出现理念与实践不协同的情况，导致“专创融合”现实中的实践活动难以进行，缺乏科学性与可持续性。

（二）课程质量：“专创融合”课程品质有待提升

高校“专创融合”的落脚点在于“课程的融合”。课程是链接创新创业教育与专业教育的枢纽，也是“专创融合”工作的载体。“专创融合”课程的质量影响“专创融合”工作的整体成效。当前，高校“专创融合”工作中突出的问题之一是：创新创业课程与专业课程脱节的现象。主要表现在以下三个方面：其一，课程目标的两张皮现象。一方面，具有跨界性和实践性的创新创业教育的课程目标强调学生创新思维、创业素养的培养，忽视学生的专业知识和能力，课程目标过于宽泛。另一方面，高校专业教育中，课程目标强调技能技术的习得和知识的积累，忽视学生创新思维、创业能力的培养。长此以往，创新创业教育将是无源之水、无本之木，专业教育培养的人才因缺乏创新思维和能力影响学生求职就业。其二，课程内容的脱节，目前，高校创新创业教育的课程内容多为教授学生认识创新创业、传授创业技巧、创业过程中风险认识、创新创业比赛项目申报等，缺少对学生专业知识的迁移运用。其三，课程结构方面的矛盾，具有跨学科性和实践性较强的创新创业教育与高校具有实践性的专业教育的融合，纵然有融合的基础，但目前，高校在开发“专创融合”课程的过程中，尚未认清两种课程的特点，未能统筹课程资源，简单机械进行课程的叠加，导致课程之间相互独立的状况，另外，没有利用好实践活动连续性特点培养人才，很难开发科学的“专创融合”型课程。

（三）师资瓶颈：教师“专创融合”能力不足

教师是教育教学活动的组织者、实施者。高校“专创融合”过程中，课程开发、教材的设计、教学的实施主要以教师的教学活动为载体。教师的能力水平是“专创融合”工作的关键节点，2018 年，《中共中央国务院关于全面深化新时代教师队伍建设改革的要件》指出：到 2035 年建设高水平高素质的专业化创新型师资队伍，全方位提升师资队伍的专业水平和综合素质及创新素养。师资队伍建设的专业化、知识能力的水平及其综合素养影响人才培养的质量。高校从事创新型高素质技术技能人才培养的教师队伍，“专创融合”的能力尚显不足。主要体现在以下两个方面：（1）高校创新创业教育起步晚、资源有限、发展缓慢，导致教师创新创业理论基础和创业实践经验薄弱。（2）教师对行业、产业、企业发展的认识不到位，把握不精准的情况下无法将创新创业教育知识与技能融入专业教育实践活动中，很难开发出高质量的“专创融合”课程和“专创融合”项目。由于主客观的因素导致高校教师“专创融合”能力不足，因此，开展“专创融合”工作还需进一步提升教师的创新创业能力和对产业发展的认识及创新创业教育与专业教育资源整合能力。

（四）平台局限：“专创融合”实践平台相对封闭

实践实训活动是创新创业教育与专业教育的重要支撑。随着行业、产业的发展变化，高校专业教育的设计与布局也需要进行调整。实践实训基地等实践载体的组织建设需依据生产、建设、管理等一线岗位能力要求进行。目前，在推进“专创融合”实践的过程中，创新创业实践基地与专业实践实训中心存在脱节、脱嵌的现象。一方面，围绕岗位发展所需的素质结构组织的实践训练，使得服务区域经济和产业发展的高校专业教育实践实训平台相对单一、封闭，难以促进高校学生主体性的发挥、创新思维能力的培养及综合素质的提升。另一方面，高校创新创业教育实践活动主要在大学生创新创业园等实践平台进行，也存在封闭、片面的特点，缺乏与专业实践设备、技术、环境的联系，没有专业基础的支撑，创新创业教育的项目或成果转化的效果大打折扣，无法实现创新型技术技能人才培养的可持续发展。

（五）评价困境：考核评价机制的科学性亟待加强

主动落实改变当下关于创新创业教育与专业教育结合不紧密，与实践、产业发展脱节等问题，高校积极推进“专创融合”工作，整合两个领域的资源协同提升创新型技术技能人才培养质量。但由于我国创新创业教育缺乏学科地位的建设，尚未有一套权威的评价标准，使得“专创融合”活动缺少监测评价，导致进展缓慢且科学性有待商榷。G学院“专创融合”项目相关人士说：“‘专创融合’课程或‘专创融合’项目的开发对我们来说是一个新事物，国家层面也没有统一的评估标准，与传统课程和实践项目有一定差异，所以我们并没有给出一个统一具体的评价方案，但是，通常每个教师都会根据自己的课程去设置相应的评价方式。因此，由于不同教师的不同评价方式，其考核结果就因课而异了。比如说，笔者上过的一门营销课程，要求学生做营销计划，时间为一年，我们做了线上线下若干次策划，最后的评分，就是以学生发推文的阅读量和所在平台的粉丝数量作为一个评分依据。笔者很关注量化指标的，也会给其他教师建议多设置量化的指标，这样学生才知道往哪个方向走。其次，高校“专创融合”是一项具有系统性的复杂的实践活动，在考核评价的各个环节需要一定的资金、人才使用、平台设备等方面的把控。由于国家层面与创新创业教育与专业教育的融合师资、课程、实践平台、项目成果等方面缺乏科学权威的评价指标和评价体系，导致“专创融合”的工作缺乏科学性与专业性。因此，提升创新型技术技能人才的培养质量，亟需建立一套科学的评价机制，保障高校“专创融合”的科学合理有序地进行。

第二节　高校“专创融合”困境的成因分析

高校推进“专创融合”是为区域经济发展、产业结构转型升级提供岗位技能技术精湛具有创新能力的应用型人才的重要抓手，也是对建设创新型国家，创新型强国的及时回应。要提升高校高素质创新型技术技能人才的培养质量，必须基于当前高校“专创融合”的现状分析，从政策保障、动力机制、主体认知及考核评价机制等方面对实践中“专创融合”存在的问题进行原因分析。以推进高校专创深度融合，提升创新型技术技能人才的培养质量，为区域乃至国家的发展提供高级技术技能人才的支撑。

一、高校“专创融合”动力机制缺失

创新型技术技能人才是学校、政府、企业等多元主体的共同诉求，高素质创新型应用人才的培养也需要多元主体的协同支持，高校作为核心主体发挥着整合资源集中力量培养创新型技术技能人才的功能。当前高校推进“专创融合”培养创新型技术技能人才的过程中存在的问题的原因之一是“专创融合”动力机制的缺失。

（一）校内驱动机制薄弱

高校开展创新创业教育与专业教育的融合，部分原因是响应国家政策文件的要求，解决创新创业教育与专业教育之间的脱节问题。此外，经济方式转变、产业结构优化升级、科技变革等对创新型技术技能人才的需求也是推动高校开展创新创业教育与专业教育融合的重要原因。提升创新技术技能人才培养质量、加快高校内涵建设、提高社会企业等用人单位的满意度，是高校创新创业教育与专业教育融合的重要目标和动力。

当前，高校在推进创新创业教育与专业教育融合过程中存在一些问题，其中一个原因是校内利益驱动机制薄弱。主要表现为以下两个方面：（1）缺乏物质导向的支持。高校创新创业教育与专业教育融合需要实践实训等方式来培养应用型人才，对经费和实操设备等需求较大，消耗也大，微薄的补贴难以支撑高校推进创新创业教育与专业教育全面深入的融合。（2）精神导向的支持缺失。创新创业与专业教育融合尚处于起步阶段，高校及教师也是在尝试谨慎推进，也有部分学校和教师不太理解这项工作。为了确保高校创新创业教育与专业教育融合工作的可持续推进，精神导向的驱动机制是必不可少的。

为了加深高校、教师、学生等对创新创业教育及专业教育发展的科学认识，高校应推进“专创融合”工作，发挥“专创融合”示范课程、项目、教师的示范作用，开展动员、表彰等精神奖励活动，提高二级学院、教师、学生参与的积极性。这是高校推进“专创融合”的基本前提。

（二）校外驱动机制单一

用人单位人才需求的满意度是行业、企业、政府等主体参与高校“专创融合”工作的支点和动力。高校与行业、企业等形成的人才供求关系，需要发挥学校以外的多元主体的协同作用，推动技术技能人才供需平衡。其中企业与学校的发展定位不同，不确定的社会环境使企业更注重自身利益的谋取，导致企业、行业参与高校“专创融合”工作的动力机制缺失。高校推进“专创融合”需要行业企业及时反馈产业、企业发展的前沿信息及用人需求，但实际情况中这个环节的信息缺失，导致高校“专创融合”方案设计，实施和结果反馈呈现很强的滞后性。大部分高校面向区域中小企业，然而，企业参与高校需要花费财力、物力、人力等，政府的福利补贴政策难以调动企业的积极性，若学校主导、政府引导企业、行业参与建立“专创融合”的资金、设备、技术指导、信息反馈的支持，并给予企业一定的资金回报，可以提升其参与的积极性与有效性。因此，需要尽早构建利益驱动机制，加强相关利益主体间的合作，破解当前的困局。

二、高校“专创融合”考核评价体系不完善

考核评价体系检验和指导是高校“专创融合”效果的关键。考核评价体系事关高校“专创融合”的方向，考核评价机制是“专创融合”的指挥棒，决定“专创融合”结果的导向。被问到以何种方式评价“专创融合”课程或“专创融合”项目开展的成

效时，G 学院某教师表示，当前，对学校开展“专创融合”整体工作的成效考核主要是教师依据学生在创新创业比赛、技能大赛等项目及“专创融合”的课程中的表现对“专创融合”工作进行调整和改进，没有企业及其他机构参与考核，对学生在课堂、项目及比赛过程中的考核很少，计算平时成绩基本就是看其态度和任务完成度。高校“专创融合”是一项复杂的教育改革活动，处于起步探索的阶段，随着教育教学模式的改变，考核评价的内容、主体、标准、方式都得随之改变，但目前的考核评价机制还存在一些问题，主要表现为以下方面。

（一）评价内容固化

构建科学的、专业的、客观的考核评价机制是高校确保“专创融合”工作，可持续发展的重要保障。由于主观与客观等原因导致高校“专创融合”成效评价依据学生在技能大赛及互联网+大学生创新创业大赛中取得的奖励和名次，判断高校创新型技术技能人才培养的成效，主要通过比赛成绩来衡量“专创融合”工作结果，考核内容固化，合理性缺失。缺乏多维度的内容考察高校在推进“专创融合”过程中，创新型技术技能人才培养各个环节的质量。

（二）评价主体单一

高校开展创新创业教育与专业教育融合的目的是培养出符合区域产业、行业、企业发展所需的创新型高技术技能人才，“专创融合”重构了高校育人的主体格局和发展的生态，这就需要行业专家、企业管理人员、技术能手等参与高校人才培养的考核评价，确保各方所需得到保障。但是目前，高校“专创融合”考核评价主体中，仅发挥了学校评价的功能，缺乏校行企共评体系。高校多元主体参与人才培养的办学形式，要求多元主体相互作用，各主体发挥相应的考核评价功能，才能构建科学的考核评价机制。现有的评价机制无法体现各主体的作用与功能。

（三）评价方式单一

高校推动“专创融合”与以往的专业教育实践有所不同，它将创新创业教育嵌入专业教育，以专业知识和技能为基础。这种融合的教育主要通过实际操作来增强创新型技术技能人才的培训，是一个复杂而系统性的教育活动。在高校的“专创融合”中，方案设计、资源分配、实施过程和融合效果的各个阶段都需要过程性和终结性的评估。据研究发现，目前高校仍然更关注结果性的评价来评估“专创融合”工作，而忽略了过程性评价的重要作用。这导致了在“专创融合”过程中教师和学生的表现，以及隐性知识的获取和实践平台的效益未得到充分检验和反馈，从而导致评估结果的不全面性。

（四）评价指标模糊

评价指标选取和确立是影响高校创新创业教育与专业教育融合评价的关键所在。分析高校创新创业教育与专业教育融合各个环节的目标和不同的能力要求，需要设立不同的评价指标对“专创融合”各实施环节考核评价，确保高校“专创融合”过程性评价的科学性和适应性。目前，高校“专创融合”流程阶段考核评价指标失效、评价指标单一，且当前的评价指标尚未放置在整个“专创融合”工作中进行系统设计考量，导致高校“专创融合”过程性评价和终结性评价结果片面且缺乏合理性。

三、高校“专创融合”主体认知偏差

（一）高校“专创融合”价值认识不到位

“专创融合”教育在多个层面上具有重要价值。首先，它有助于培养创新型技术技能人才，满足国家创新发展的需求。其次，它促进了高校的教育改革，推动了高校内涵式发展。此外，“专创融合”教育还对促进学生就业和创业，以及推动学生全面发展具有人本价值。然而，高校“专创融合”工作的成效不明显，与学校层面对该活动的认识和决策有密切关系。首先，高校未充分重视“专创融合”的活动，受到普通高校开展创新创业教育活动的影响，难以跳出固有的思维模式。其次，“专创融合”工作人员的专业性不足，无法有效进行顶层设计和规划，也未能充分认识到“专创融合”的价值。因此，需要高校提高对“专创融合”教育的重视，充分认识其本质，结合学校特点，同时，也需要培养专业人员，以便更有效地推动“专创融合”的实施。

（二）二级学院对创新创业教育认识偏差

高校中二级学院是介于学校与系级管理阶层之间次级的组织形式，本书所指的是专业二级学院，它充分统筹多个专业或者专业群的优势，以整合若干临近专业群为准则设置的，具备教学、行政、实践实训指导、应用型科研等功能的组织机构。二级学院的执行力与创新性直接影响高校的发展方向，高校开展的创新创业教育与专业教育的融合工作的成效，依赖各个二级学院执行落实，创新发展。G 学院某教师表示：

“在推进“专创融合”的工作中，各个二级学院对创新创业教育的认识不一致，不是所有的二级学院对创新创业教育都有正确的认识，也并不是所有的二级学院都认同创新创业教育与“专创融合”的必要性，部分学院工作人员及教师在“专创融合”推进工作中积极性不高表示迷茫，影响“专创融合”的最终成效”。目前，就开展“专创融合”工作现状分析，二级学院的在推进“专创融合”过程还存在一些问题，主要表现在以下方面。

（1）创新创业教育认识偏差。高校实施“专创融合”活动，有赖于各个二级学院协调、安排、落实这些工作。在实践的过程中需要正确理念、科学理论的指引，目前，高校二级学院对于“专创融合”的工作配合度不高，积极性不强，成效不显著。由于创新创业教育在职业教育领域成果不突出，二级学院的领导主体对创新创业教育活动出现了认知偏差的现象。据了解，目前二级学院层面大多将创新创业教育视为促进创业的教育，帮助有创业意愿的学生创办企业。这样的观点，从经济学的视角出发窄化了创新创业教育的本质和内涵。其次，部分教师认为创新创业教育的目的是培养学生的创新思维和创新素养，泛化创新创业教育的目标。最后，还有观点认为，创新创业教育是次于专业教育的“第二教育”，开展创新创业教育为学院和教师甚至学生增添了许多负担。开展“专创融合”更是加重了职能部门和专业教师群体的任务。理念是行为的先导，认识的偏差导致实践行动难以完成。

（2）非教学因素干扰高校“专创融合”工作安排。高校“专创融合”的教学质量，影响创新型技术技能人才的培养质量，创新创业教育与专业教育融合的教学质量受到教学因素与非教学因素的影响。在教育教学过程中不可分割的非教学因素主要体现在行政体制、职称评定、科研发展等方面。这些因素虽然与教学活动没有直接联系，但对教学质量有着极其重要的影响。目前，高校开展“专创融合”的教学活动中，非教学因素干扰了“专创融合”的教育教学活动，损害了其教学质量。具体体现在以下几方面：其一，二级学院行政化严重，教学、应用科研的组织变成一个高度行政化的管理实体。学院层面的组织人员多个行政职位加身，或已变成全职的行政人员，或外聘的专职行政个体，这样的局面造成教学组织管理的权力化、科层化出现职级分明的情况。割裂了教师、专家在教育教学上发挥协同育人合力的整体性。其二，学院层面“新瓶装旧酒”，传统的教育教学思想占据主导地位，“专创融合”工作呈现在汇报的文件上、口头上、项目申报上，新形势旧内容。其三，教师职称考核迫使绝大部分教师将工作的重心由教学转向了科研，失去了在学科建设、专业发展及教学活动领域扎根奉献的教师。那么，创新创业教育与专业教育的融合只停留在政策号召、学校倡导层面，导致“专创融合”实际进展缓慢，成效不佳。

（三）专业教师对产业发展认识不到位

在高校推进“专创融合”工作中，教师队伍的重要性不言而喻。结合高校“专创融合”工作中教师队伍的表现，分析教师队伍在专创融工作中存在问题的原因，有助于提升教师“专创融合”的能力，打造具有创新创业能力与专业实践能力并存的双师型教师。

高校“专创融合”工作的成效不佳一方面是因为专业教育教师对产业发展的认识不够深入。专业教师需要深刻了解本专业的发展情况和相应产业，以便将创新创业教育融入专业教育。然而，目前一些教师对创新创业教育的理解存在差异，有的专业教师对产业发展认识不足，缺乏深刻的见解。这导致了“专创融合”工作的困难。一些职业教育教师缺乏实际的行业实践经验，只是完成教学任务，没有足够的真实世界实践经验。此外，教师的专业知识和实践能力也有所欠缺。另一方面，教师对专业发展的认识和定位不清晰，对产业的现状和前沿技术了解不足。高校专业调整滞后于产业结构的转型升级，产业发展的需求与专业教育之间存在偏差。师资队伍中缺乏具备精湛专业技术技能的教师，数量和质量都不足。这些问题在“专创融合”的课程开发过程中导致了困难，可能会影响课程的质量。因此，高校需要加强对专业教师的培训，帮助他们更好地理解产业发展需求，提高专业知识和实践能力，以推动“专创融合”工作的进展。

第三节　基于高校“专创融合”现状的思考

基于前文分析，高校在高技术技能人才培养过程中遭遇的难题，主要源于几个核心因素：学校主体对“专创融合”的认知存在偏差，缺乏全面可行的顶层设计，与产业发展实际需求存在脱节，以及教师“专创融合”能力的不足。这些因素共同制约了高校在培养创新型技术技能人才方面的进步。然而，机遇与挑战并存。专业教育因其与产业、技术、设备的紧密联系，为高校人才培养提供了坚实的资源支撑。创新创业教育以其敏锐的行业洞察力，为大学生打开了创新思维和创业能力的大门。这种教育模式的融合，不仅为高校培养创新型技术技能人才提供了新路径，更促进了学校内涵的深化发展。

面对这些挑战，高校应重新审视和调整“专创融合”的策略，强化顶层设计，加强与产业的对接，提升教师的“专创融合”能力，以更好地应对当前和未来的教育需求。同时，充分利用专业教育和创新创业教育的优势，推动两者的深度融合，为培养更多符合区域和国家发展战略的创新型技术技能人才贡献力量。

一、加强“专创融合”针对性政策保障

我国颁布并实施了一系列创新创业相关的政策，得到积极的响应与落实，形成广泛开展、各具特色的局面。但在加强创新创业教育与专业教育对接融合方面缺乏针对性的政策指导。为保证创新创业教育与专业教育深度融合的有效推进，必须加快完善针对性的政策指导。

（一）建立健全“专创融合”针对性指导方案

为推进创新创业教育与专业教育的深度融合，必须建立健全一套“专创融合”的指导方案，并充分发挥政策文件的导向性作用。这要求政策不仅为高校“专创融合”提供全面、系统的政策供给，还需确保高校在融合过程中的权责分明、资源配置合理，进而提升整体资源的利用率。在制定政策时，必须紧密结合高校的实际情况和“专创融合”的分类化、校本化特点，同时充分考虑不同专业发展的特殊性及产业发展和岗位需求。为确保政策的针对性和实效性，需结合高校的类型和层次特征，进行精细化、差异化的政策设计。教育行政部门在此过程中应充分发挥其管理和服务职能，为高校提供必要的指导和支持，以确保“专创融合”工作的高效推进，从而为国家培养更多具有创新精神和实践能力的人才提供坚实保障。

1. 政府层面

政府应完善《深化创新创业教育改革实施方案》，明确“专创融合”的战略地位，提出具体的实施措施。同时，制定《创新创业教育与专业教育融合实施指导意见》，通过“专创融合”的针对性政策规定，明确政府、行业、企业等主体在参与高校“专创融合”过程中的职能与责任，并确保经费来源渠道明确，为“专创融合”工作提供资金保障。

2. 学校层面

学校应整合全方位、全过程、全主体的资源和力量，结合社会需求与学校的发展内部需求，制定实施方案。从上到下，有针对性地实施规划，以系统论的观点指导“专创融合”项目的实施。首先，学校领导、职能部门和各个二级学院积极配合，学

校成立“专创融合”领导小组，联合创新创业学院、二级学院专业带头人及教务处撰写《创新创业教育与专业教育融合工作实施意见》。该意见应包括“专创融合”工作的预期目标、教师队伍的选拔、经费保障、课程开发、实践基地的整改以及验收机制等方面。其次，教务处与创新创业学院应立足产业发展、市场需求、创新思维提升以及专业能力提升等关键点，联合制定《“专创融合”教学改革示范课程建设指南》和《项目化课程建设指南》，为教师申报“专创融合”课程开发提供明确的指导和基本标准。同时，确定“专创融合”课程开发的验收周期，前期可以试行每年组织一次项目化课程验收，后期可随实际情况灵活调整。最后，要精心挑选适合进行“专创融合”教师培训的企业，通过企业对教师创新创业知识及实践能力的考核，帮助教师取长补短，提升专业能力，从而更好地指导学生进行项目实践或组建团队解决现实中的难题。

（二）完善“专创融合”专项管理机制

在推进“专创融合”过程中，高校应发挥主导作用，建立健全“专创融合”管理制度。管理制度的完善是提升企业参与高校人才培养以及提升“专创融合”质量的关键途径。实现创新型技术技能人才培养，需要搭建各个环节的管理制度以规范“专创融合”实施过程，推进创新创业教育与专业教育有效融合。

首先，需要制定关于培养目标与规格的管理制度，即解决高校“专创融合”培养什么的人。在此基础上，应确立如何推进“专创融合”的具体目标、流程等，并充分考虑各实施环节的需求和作用。通过完善《关于推进高校“专创融合”的管理办法》及《高校“专创融合”示范项目建设规定》等文件，为创新创业教育与专业教育的深度融合提供明确的方向和基础。

其次，需要建立“专创融合”内容方面的管理制度。这主要是为了提高技术技能人才的质量，加强学生的专业技术技能和创新创业能力的培养。通过创新创业教育与专业教育的融合项目来实现培养目标，其管理重点在于设计“专创融合”的项目、任务及实践内容。这些内容应明确体现在培养方案中，并通过制定《高校“专创融合”方案制定的原则意见》来规范融合内容，确保其专业性。

再次，需要制定关于师资队伍的管理办法。师资队伍是高校“专创融合”的组织者和实施者，负责设计融合项目和课程，并带领学生进行实践操作。“专创融合”的师资队伍应由企业和学校的教师共同组成。因此，这方面的管理应关注如何激励专业教育教师到企业实践锻炼，以及如何吸引企业兼职导师深度参与“专创融合”工作。通过制定《高校“专创融合”专业教师企业教师队伍管理办法》，可以提升教师团队结合实际情况开展融合工作的积极性和质量。

最后，需要完善考核评价方面的管理制度。考核评价是衡量高校创新教育与专业教育融合目标达成和效果的关键手段。为了提升人才培养质量，需要建立由行业、企业、学校共同参与的质量监控和评价体系，落实多元主体的责任。这方面的管理制度应关注高校如何按照产业、企业发展对人才的需求，建立“专创融合”的目标、课程体系、实践平台效用的评价，尤其突出行业企业在评价体系中发挥的作用。通过制定《高校“专创融合”考核验收管理办法》，可以为高校“专创融合”培养创新型技术技能人才提供明确的考核验收标准。

二、完善“专创融合”动力机制

（一）打造“专创融合”型教师创新团队

师资队伍是高校创新创业教育与专业教育能否实现全面融合的重要一环，推进创新创业教育理念、培养目标、教学内容及课程体系融入专业教育的环节都依赖一线的教师队伍亲身实践。建设“专创融合”教师创新团队，首要任务是确保创新创业教师及专业教师双方都树立正确的认识及具备扎实的专业能力。

（1）对创新创业教育的正确认识。目前，高校的主体对创新创业教育的认知偏差主要分为“窄化”和“泛化”两种：其一是把创新创业教育的培养目标定位为培养学生创办企业的企业家速成教育，其二是将创新创业教育理解为是一种培养学生创新思维、创业精神与创新创业知识能力的素质教育。在《国家中长期人才发展规划纲要(2010—2020年)》中指出：创新型人才具有较强的创新意识、创新能力及创业精神。将创新创业教育定位为培养创新型人才的教育是对以上两种认识偏差的调整。目前，创新创业教育正在经历一种转向：内创业教育(也称岗位创业)。内创业(Intrapreneuring)这个概念是由学者吉福德·平肖(Gifford Pinchot)在分析了许多大公司内部创业实践的基础上提出的[①]。内创业理论的核心要义在于，主体在组织内部运用组织的资源和人员进行创业实战，为组织创造新价值和利润。内创业活动不仅可以帮助组织提升产品质量、创新服务品类、促进战略升级，也能解决组织发展滞缓、灵活性差等问题，提高组织竞争力。内创业教育理念主张培养具有创新精神、相应的专业特长、一定成就动机的内创业者，这与高校推进“专创融合”培养的创新型技术技能人才目标不谋

① 任荣伟，毛蕴诗：《跨国公司内部创业行动的逻辑分析》，《现代管理科学》2004年第1期。

而合。

（2）树立对产业发展的正确认识。区域产业是促进区域经济增长的主导力量，高校旨在为区域产业转型升级、经济增长培养所需的高技术技能人才。高校与区域产业的联系主要体现在高校的专业设置要对接区域产业发展，依据产业发展更新专业教育教学内容，学生掌握的专业知识与技术技能才能满足职业岗位的要求。

为促进高校创新创业与专业教育的深度融合，应积极开发与产业需求紧密衔接的项目，以提升学生将专业理论应用于专业实践的能力。在此过程中，专业教师需要具备对区域产业发展、产业结构变化等方面的清晰认识，并深刻理解和准确把握产业结构、产业集群发展趋势。通过“专创融合”的项目开发，教师能够结合学生的专业知识背景及产业发展中的难点和痛点，有针对性地解决行业企业所遇到的问题，实现产教深度融合。

为实现产业链、创新链、人才链、教育链的有机融合，推进创新创业教育与专业教育的融合对教师“专创融合”能力提出了更高的要求。仅依靠创新创业教育的教师或专业教育教师均无法满足现实需求。因此，提高教师队伍的“专创融合”能力，建设“专创融合”教师创新团队显得尤为重要。

“专创融合”教师创新团队应由具备扎实的创新创业理论、丰富的创业实践经历的新创业教师与具备精湛专业技术技能的专业教师组成。他们在“专创融合”过程中应明确分工、相互承担责任，实现知识技能互补的状态。

第一，专业教育教师培训项目。以创新创业学院为平台，坚持“知己知彼”的理念，遴选创新创业导师，运用项目式课程，对专业教育教师实施创新创业师资培训，具体包含：专业教师在实施创新创业项目过程中所需的创新技法、创业风险、新企业的开办与成长管理、商业计划书撰写及路演等相关方面的培训，帮助专业教育教师对创新创业教育形成科学的认识，提升其创新创业能力、实践能力及解决问题的能力，在这个过程中，加强创新创业教师与专业教育教师交流互动，促进创新创业教育教师对专业发展的进一步的了解，避免其在开展项目开发的过程中，忽视学生的专业背景，导致为了立项申请而开发与专业关联不大的项目。

第二，聘请行业、企业的管理人员和技术人员对创新创业教师及专业教师以项目式课程进行培训。以专业教师为主，创新创业教师为辅，共同合作，协助专业教师发现问题—选择方法—创造条件—验证执行完善项目。在此环节，创新创业教师与专业教师必须积极提升其理论运用于实践的能力，依据木桶效应，短板决定木桶的容量。“专创融合”的教师队伍也一样，必须加强每位教师的能力建设。保障教师整体的素质提升，创新创业教师也须提升对专业教育的认识理解及对产业发展的认识和把握。此外，专业教育教师依然要积极培养自身的创新创业能力，这是高校“专创融合”工作的重点。

第三，由接受过创新创业师资培训的教师，自由组织教师创新团队。其一，建立“专创融合”教师创新团队准入标准，提升团队成员的能力水平，保障团队的质量。其二，优化教师队伍结构。积极吸纳校外专兼职创新创业导师及企业行业的专家带头人，共同组建“专创融合”教师创新团队。增强教师团队活力和协同创新能力，实现跨界合作，形成互利共生增值系统。其三，创建融入专业的协同创新文化氛围，创新是“专创融合”教师团队的核心。教师团队发展的最终目的是培养技术技能人才的创新创业的能力，提升人才培养质量，让学生能够结合专业在未来的岗位上或者自主创业过程中，能够创新性地解决问题。其四，建立分类考核评价机制，对创新创业教师与专业教师建立不同的评价机制，以建立一支专业知识能力强劲、业务水平较高的教师团队。在校内外创新创业教师与专业教师的共同参与下，探讨如何开发符合学校所设专业的项目化课程、如何让学生更广泛参与、如何将学生的专业知识与实践联系起来等课题，提升教师队伍“专创融合”的能力。

（二）建设“专创融合”项目课程

“专创融合”课程是实现创新创业教育与专业教育真正融合的重要载体。立足职业教育的类型特征，结合专业教育的特点，以“专创融合”项目看课程建设为抓手，推进高校“专创融合”。将创新创业教育融入专业教学和实践教学的全过程，是加强“专创融合”实践与产业联系的发力点。构建“专创融合”项目课程，首先要深入理解项目课程的本质。项目课程在不同的教育类型中表现方式不同，职业教育领域项目课程的内涵主要表现为：将工作任务作为课程设置和课程内容选择的参照点，以项目为内容，以项目活动为主要学习方式的一种课程模式。在专业教育开展的项目课程中，将创新创业教育的知识和技能有机融入基于专业知识技能背景的项目设计、实施、验证等环节的项目活动，即“专创融合”项目课程。因此，厘清“专创融合”项目课程的设计逻辑是首要任务，有助于提升“专创融合”项目课程的科学性。

首先，必须立足专业所对应的职业、岗位、产业一线的生产、管理、建设等情况，回归现实，基于真实环境背景设计项目，在专业项目活动中融入创新创业教育的知识与技能，使学生完成任务有跨越项目的意义。

其次，实施岗位定位。明确职业岗位对人才素质的需求，以此结合学生专业学习的背景融入创新创业元素作为项目中确定子工作任务的依据。

再次，进行工作岗位的职业能力分析。分析解构岗位中主要的任务，便于学生由易到难掌握岗位对人才素质的需求。职业能力分析主要是探析知识和技能的内容。分析学生完成任务时的知识和技能基础，确定学生有一定的基础知识，具备专业理论应用于实践的能力，能够顺利完成项目中各环节的任务。

最后，通过了解一线的实际情况和知识技能的分析，确定项目设计、项目类型的选择及相关知识的分配及任务的设定。依据行业、产业、专业的发展进行课程定位和目标设定。加强教师对产业发展现状的认识，在教学过程中植入最新的职业能力素质要求，进而确定项目课程的内容与要求。按照高校职业教育项目课程设计的理念，课程内容的确定需要依据岗位的工作任务分别确定其所要求的知识和技能。例如，工作任务 A 分别对应知识内容要求 A 和技能内容要求 A。项目课程的内容包括工作任务、知识、技能。第一步，需要依据“工作任务与职业能力分析表”中的内容来确定该门专业课程要求学生学习的工作任务。第二步，要对技能内容进行分析，即明确要求学生会做什么，依据会做什么来要求学生知道什么、理解什么。第三步，依据学生需要掌握的技能，确定掌握这项技能学生应该知道和理解的知识内容，所以，教学过程中教师要讲解主要的知识点，让学生学懂会用。第四步，设计项目教学方案。主要有以下几个步骤：(1) 确定项目设计的模式。目前主要有围绕该门课程整体工作任务来设计项目的循环模式、一门课程只选择一个大型完整的综合项目的分段式模式，针对每个任务设计项目的对应式模式。“专创融合”项目课程需要较多的项目实践，所以循环模式更能够实现“专创融合”。(2) 选择项目类型。其主要有封闭项目与开放项目、单项目与综合项目、模拟项目与真实项目。每种项目都有其优势，高校在设计“专创融合”项目课程时要结合实际和专业特点进行选择。(3) 项目的选取。“专创融合”项目的选取要考虑与课程目标的适切性、项目之间要有逻辑、项目呈现区域产业发展的特色、项目要结合专业背景激发学生的学习兴趣。(4) 确定项目中的知识安排。在进行项目教学活动过程中，体现课程标准中对学生知识内容和技能内容的要求。(5) 编制项目教学方案，也就是完成项目设计和项目教学的方案。要求“专创融合”教师综合考虑项目的选择和项目间的逻辑关系。

（三）加强校内外实践平台一体化建设

高校创新创业教育与专业教育都注重以实践的方式培养学生理论与实践结合的能力，实施实践项目活动突出高校创新创业教育与专业教育人才培养的特色，“专创融合”实践平台一体化旨在实现课堂教学—实践训练—项目孵化的有机衔接，从而整合各方资源优势。通过多要素的协同互动，促进学生参与体验，让学生在实践活动中得到专业能力与创新创业能力上均得到提升。

1. “专创融合”教学平台

创新创业教育与专业教育都是实践性非常强的教育活动，实现创新创业教育与专业教育的融合，须从理论知识与实践活动两方面内容入手。首先，在专业基础课、专业公共课等课程中融入创新创业基础知识，让学生正确认识创新创业教育的本质意义。同时，通过一些专业相关的创新思维训练活动，建立起发现问题、解决问题的思维逻辑框架，促进学生积极投入创新创业学习，培养学生的创新创业意识，为以后创新性的学习专业知识、技能、岗位实践打下坚实的基础。其次，找到二者融合的契合点。在深入理解创新创业教育概念及知识的基础上，结合区域产业、行业、企业对人才的要求，进行创新创业教育启蒙。通过发现其本质，将专业教育中“如何创新”的问题和创新创业教育中“创新什么”的问题结合，在以后的专业知识的学习及实践的过程中，设计出既能提升专业能力又能强化创新创业能力的项目或任务。

2. “专创融合”实训平台

贯彻“专创融合”一体化的理念指导。加强高校创新创业教育与专业教育在实践层面的融合，离不开实践实训平台的建设。目前高校专业教育有各自专业的实训实践基地，创新创业教育也有其实践平台。在推进“专创融合”实践过程中，整合专业教育与创新创新创业实践基地一体化是促进两者深度融合的重要路径。在专业教育基础知识传授与实践技能技术习得的专业实训实操的活动中，应结合专业所对应的产业发展，充分挖掘创新创业教育资源与融合点，在高校专业理论和实践教育中渗透创新创业教育的知识与技能内容，深化高校创新创业教育与专业教育综合改革，促进高校内涵建设。这有助于提升高校创新型技术技能人才的培养质量，培养学生具备扎实的专业理论知识与精湛的技术技能，同时还具有一定的创新创业能力。

实现“专创融合”实践平台一体化，需从多方面入手。首先，在专业实训实践课上，设计“专创融合”模拟实践项目，组织实施“专创融合”的实训项目和项目课程。“专创融合”实践项目的真实性、相似性、完整性影响创新型技术技能人才培养质量，在确定项目任务—制定计划—实施计划—检查控制—评价反馈的专业项目任务中融入创新创业的知识和技能，使学生在这样反复的项目课程锻炼中，提高学习效率、激发兴趣，并提升学生发现问题、解决问题及开发创新项目的能力。其次，组织实施真实产业项目的实践。学生在模拟项目的训练中掌握了一套发现问题、解决问题、创新项目的开发流程的能力后，应让其接触并操作真实的企业、产业项目。一个真实的项目能够让学生全面了解职业活动的整个流程，提升学生的专业实践体验感，强化理论与实践的联系。这将有助于学生在真实实践中提升专业技术技能和创新创业能力，达到企业用人要求或为未来创业奠定坚实基础。再者，坚持“以赛促教，以赛促学”的理念。实施“专创融合”项目竞赛培育，建设校内与校外竞赛平台。校内“专创融合”竞赛项目应面向全体师生，设置丰富的类别和奖项鼓励师生积极参与。同时，鼓励师生参与本专业相关的校外创新创业项目竞赛，如有影响力的国内国际大赛，组织“专创融合”教师团队指导，促进师生共同进步。

3. “专创融合”项目孵化平台

高校积极整合区域的政府及龙头企业的资源，三方共建“专创融合”项目孵化平台。该平台为学生提供基本的办公条件、咨询、项目挖掘、市场推广和融资等全方位服务，以推动高校学生创新创业项目的成果转化，进而加速产品开发转化成生产力。一方面，建设校内孵化基地。如大学生创业园、科技园等，旨在推动高校校内“专创融合”实践项目向实战化、社会化、市场化迈进。高校创新创业孵化平台还积极引入天使基金、风险投资基金、小额贷款等金融服务，帮助有市场潜力的项目解决资金问题。另一方面，建立校外孵化基地。近年来，政府及企业积极落实国家国家创新驱动战略、大众创业、万众创新的号召，纷纷建立建设科技园、大学生创业园等平台。这些平台为大学生团队项目的孵化到进入市场给予了多方面的保障。此外，高校要积极推进校内外孵化平台的对接，以便更快培育成熟的团队及项目，通过孵化器对接区域产业，让教师和学生团队及时掌握市场发展变化的信息，动态调整项目。最后，以大数据为依托，建立“互联网+”线上线下孵化平台，统筹整合不同地区、不同领域本项目所需的信息资源。这将有助于优化项目的异质性，推动项目的孵化进程及成果推广，为创新创业注入新的活力。

（四）搭建行业企业信息交流平台

在高校推进“专创融合”培养创新型技术技能人才的过程中，企业扮演着不可或缺的角色。企业既是高校人才培养的参与者，又是受益者。为了确保合作的紧密与一致性，行业协会充当着高校与企业之间的纽带，担负着协调、沟通、监督、统计、研究等多重职责。当企业与高校之间的合作不够密切，或者存在不一致的利益需求时，行业协会可以发挥协调功能，解决校企合作中可能出现的利益冲突，建立供需适配的互动平台，使高校在推进“专创融合”过程中能够得到企业的支持，并建立良性循环的支持机制。

1. 行业协会协助高校明确企业用人要求

在科技、信息、经济等高速发展的社会中，企业发展的核心支柱在于创新型人才的竞争。创新型人才的培养和招聘是企业保持长效健康发展的重要因素。制定科学合理的用人计划是企业面临的重要任务。相比一线城市发展相对成熟大型企业来讲，中小城市的中小企业在管理制度、用人计划及要求等方面往往存在模糊和碎片化的问题。由于不同企业的用人需求各异，且部分企业管理体制尚待完善，因此难以结合企业发展实际、重点项目、未来趋势、行业定位及前景、经济政策影响以及国家政策现状等因素来制定合理的用人标准。在此背景下，行业协会能够向企业传递职业资格和技能考核标准等重要信息，使人才需求分析更具可视化，并为企业制定用人规划提供宝贵的参考意见。同时，在推进“专创融合”过程中，高校往往面临对企业具体用人要求和标准信息获取滞后且模糊的问题，以及与企业合作不够紧密深入的挑战。因此，行业协会应积极协助高校明确企业用人需求，确保在“专创融合”过程中紧密结合行业企业发展的前沿与需求来设计相关课程与项目，从而有效培养学生的创新创业意识和能力。

2. 企业及时反馈人才需求

企业参与高校人才培养，一方面是满足企业发展对技术技能人才的需要，另一方面也是为了承担社会责任。高校作为区域高素质技术技能人才的培育基地，面临社会科技、经济、产业的快速变革，以及企业对短期利润的追求的挑战，其人才培养的滞后性日益显现，导致高校所培养人才难以完全契合行业企业的实际需求。因此，开展“专创融合”的过程中，需要第三方即行业协会构建合作平台，协同企业承担社会责任、发挥育人的主体作用，及时准确地反馈企业的用人需求。这将有助于高校灵活调整并完善“专创融合”的人才培养方案，更好地结合产业、行业及企业发展实际需求设计项目。通过这些项目的实施，学生不仅能够更新专业知识、提升实践能力，还能在解决问题的过程中培养创新思维和创新创业能力，在关键环节运用创新方法、技术和条件解决问题，帮助企业破解现实挑战。同时，平台通过及时传递企业用人需求信息，推动高校动态优化“专创融合”实施方案，实现企业用人需求与高校人才培养供给同频共振，实现双方利益供需平衡化。

三、构建校行企协同参与的动态考核评价机制

2021 年，《关于推动现代职业教育高质量发展的意见》指出，职业教育是国家人力资源开发的重要部分。其中，高校承担着培养高技术技能人才、培养复合型人才及促进就业创业的责任。积极引导高校培养创新型技术技能人才，需要创新高校人才培养方式。高校开展“专创融合”是提升高校毕业生奠定扎实专业能力和创新创业能力的有效方式。“专创融合”的水平影响创新型技术技能人才的质量，构建行业企业参与学校“专创融合”的考核评价体系，是高校“专创融合”工作的科学性、规范性及专业性的保障。此外，推进高校“专创融合”的有效性必须构建行业企业共同参与的“专创融合”考核评价体系。

（一）构建科学的“专创融合”评价指标体系

建立健全高校“专创融合”的考核评价体系，评价指标的选取是关键一步。充分考虑高校技术技能人才培养的特点和专业教育与创新创业教育强调实践性的特殊性，借鉴教学评价体系指标、创新创业教育与专业教育评价指标，基于过程性评价与结果性评价、自评与他评、定量评价与定性评价相结合的原则，可以从目标基础、资源配置、实施过程、结果成效四个维度构建高校“专创融合”的评价指标体系。

1. 目标基础评价：诊断高校“专创融合”的必要性与实施基础

目标基础评价作为高校“专创融合”工作的起点，其重要性不言而喻。它基于对学生学习现状、区域产业行业发展的需求以及高校培养目标的深入分析，进行诊断性评价。这一评价主要围绕三个核心层面展开：培养目标、融合项目质量以及基础保障。

培养目标：“专创融合”的首要任务是确保其与高校的培养目标紧密相连。这涉及学生综合能力素养、专业技术技能以及创新创业能力素养的全面提升。其中，综合能力素养主要考察学生是否具备调研分析、发现问题与解决问题的能力；专业能力则侧重于学生将所学知识应用于实践，解决生产、建设、管理一线中的关键问题；而创新创业能力则要求学生能够运用所学知识与技能，以新方法、新技术、新视角创造性地解决问题，并带来实际效益。

融合项目质量：“专创融合”的核心是项目化任务的实施。在评价时，应注重项目的科学性、创新性和适应性。项目的科学性指标需考察项目与专业教育特点、产业前沿需求的契合度，项目的难易程度，以及创新创业知识技能的融入程度。同时，项

目的创新性与适应性也应与区域行业、产业发展以及企业的现实需求相匹配。

基础保障：“专创融合”工作的顺利进行，离不开学生扎实的专业知识与技能储备以及教师的专业水平。学生的基础知识、技能掌握程度和学习态度是完成“专创融合”项目的基础。而教师的专业知识技术实践能力、创新创业知识和技巧的运用，则是推动“专创融合”工作高质量完成的关键。

通过这一评价体系的构建，我们能够更加全面、系统地评估高校“专创融合”的实施效果，进而为优化培养方案、提升教育质量提供有力的支持。

2. 资源配置评价：审视资源配置对“专创融合”的支撑力度

资源配置评价作为高校“专创融合”工作的重要环节，旨在全面评估组织支持和资源投入的合理性与有效性。高校作为资源配置的主体，负责统筹协调师资队伍、后勤保障，以及“专创融合”所需的硬件和软件资源。因此，在评价资源配置时，我们主要聚焦师资保障和组织保障两大核心指标。

师资保障：师资投入是影响“专创融合”质量的关键因素。教师的能力、工作性质、学校的培养目标、政策支持以及他们的精力投入等因素共同影响着师资队伍的整体水平。为了确保师资保障的有效性，可以采用校内外创新创业导师比例、双师型教师比例，以及行业协会专业专家的参与度等具体的衡量指标，这些指标不仅反映了教师队伍的理论知识和实践能力，还确保了创新创业教育的全面性和深入性。特别是校内外导师的互补性、双师型教师的实践能力，以及行业协会专家的行业洞察，都为“专创融合”提供了坚实的师资基础。

组织保障：组织的保障与支持是推进高校“专创融合”的支撑力量。首先，软硬件资源是高校开展“专创融合”工作的物质基础与载体。主要从实践平台、实操设备、互联网资源、文化环境等是否充足来衡量。其次，专业发展指导为高校“专创融合”提供基础保障，主要从为教师和学生提供“专创融合”相关的讲座、分享会及教师“专创融合”能力提升培训等方面考察。最后，经费投入是开展高校“专创融合”的基础保障，主要从针对性政策供给及设备和项目经费等方面考察。

通过科学的资源配置评价，我们能够更加清晰地了解高校“专创融合”工作的可行性和潜力，从而为进一步优化资源配置、提升“专创融合”质量提供有力依据。

3. 实施过程评价：监控“专创融合”实施过程中的关键环节

实施过程评价在高校“专创融合”的整体评估中占有举足轻重的地位。它涵盖了从实践调研、实情分析到方案设计、实施及总结反馈的每个环节，确保了“专创融合”工作的全面性与深度。在此过程中，教师和学生作为主要的实施者和执行者，其表现直接反映了“专创融合”的执行情况。因此，我们对项目设计与操练、学生表现和教师表现给予了特别的关注。

项目设计与操练：实践项目不仅是提升师生专业与创新创业能力的有效载体，更是检验“专创融合”成效的关键。通过模拟项目，能够锻炼教师的项目设计和选取能力，以及学生运用专业知识解决实际问题的能力。我们强调从模拟到真实项目的过渡，并通过及时的反馈机制对实施过程进行动态调整。因此，“专创融合”项目的设计与实操的完成度、完整性和联通性成为衡量其成效的核心指标。

学生表现：学生是高校“专创融合”课程、项目的主要实践者。学生在“专创融合”课程和项目中的参与度和表现是衡量实践效果的重要标准。他们的投入度、积极性和参与度不仅反映了“专创融合”的实际效果，还体现了学生对“专创融合”的认同感和热情。充足的时间和精力投入是完成“专创融合”实践项目与课程的基石，而兴趣则是推动学生深入参与的内驱力。因此，选取参与度和积极性作为衡量学生表现的指标是合理且必要的。

教师表现：教师是高校“专创融合”项目的设计者和指导者。推进高校深度“专创融合”工作中，教师的指导作用贯穿“专创融合”课程开发、教学实践和项目实施的全过程。我们通过专创项目选取与设计、“专创融合”课程开发等指标来全面评估教师的表现。一方面，能否将专业知识融入创新创业知识与产业发展实际情况来设计“专创融合”项目，可以监督教师是否对产业、专业与创新创业有全面深刻的认识。另一方面，“专创融合”项目式课程开发效果与教师指导率反映教师的“专创融合”能力。“专创融合”项目课程对学生素质能力的培养是否符合产业发展实际对学生的要求，倒逼教师专业能力与创新创业能力的提升发展。

4. 结果成效评价：量化分析“专创融合”的实际成效与影响力

结果成效评价是对高校“专创融合”工作的最终成果进行的综合性评估，它不仅是对各环节实施效果的总结，更是对学生、教师和学校三方在“专创融合”过程中的实际收获的全面考量。这一评价主要聚焦于学生专业能力和创新创业能力的提升、教师的成长以及学校育人成果的显现。

成绩评定指标：学生的“专创融合”课程表现、项目完成情况以及实际比赛成绩是衡量“专创融合”效果的关键。采用过程性评价和结果性评价相结合的方式，可以更全面地反映学生的成绩。过程性评价主要关注学生在“专创融合”项目中的实际表现，考察他们在项目完成过程中如何运用专业知识和技能，以创新性的方式解决问题。

结果性评价则主要关注学生在课程、技能大赛、“互联网+”等项目中的得分和获奖情况。这两种评价方法的结合，能够更准确地评估学生的成绩。

师生收获：学生和教师在高校“专创融合”中扮演着主要的实践角色，而他们的收获也是评估“专创融合”成果的重要指标。评估学生和教师的收获主要包括技术技能和创新创业能力的提升、项目实践经验的积累和问题解决能力的增强等方面。这些因素反映了“专创融合”对学生和教师在实践中的影响，同时也有助于评价“专创融合”的实际效果。

学校收获：高校是推进“专创融合”的组织领导者。学校收获是“专创融合”目标达成度的关键体现。高校的使命是为区域发展提供应用型人才支撑。开展专创融合工作的主要目标是培养创新型技术技能人才，更高质量地服务区域发展。行业、企业、产业发展对高校人才供给的满意度是对高校开展“专创融合”工作结果衡量的终极表现。

（二）促进行企企业参与“专创融合”动态考核评价

“专创融合”的考核评价机制对于检验高校是否实现了“专创融合”目标，以及是否满足企业用人需求非常关键。然而，当前的评价机制仍面临主体单一、评价标准相对狭窄等挑战，这在一定程度上削弱了行业企业在技术技能人才评价中的话语权，导致高校培养的人才与市场需求之间存在偏差。这需要评价机制的改进和完善，以更好地满足社会的用人需求。因此，推进高校创新型技术技能人才培养需求侧评价改革，对完善高校创新型技术技能人才培养过程和培养质量具有重要意义。

在高校“专创融合”动态考核评价目标基础、资源配置、实施过程、结果成效的各个环节，突出行业、企业的主体性作用是高校“专创融合”动态评价机制科学性、有效性的重要保障。具体而言，需要建立健全行业企业参与高校“专创融合”考核评价的机制。一方面，通过建立由行业协会主导的多元主体共同考核平台，明确企业的用人需求，实现企业与学校之间的信息互动。学校可以基于这些信息，结合专业知识背景，设计出更符合行业发展趋势和企业实际需求的“专创融合”课程和实践项目。同时，行业企业可以检验学校是否将这些前沿信息和挑战有效融入“专创融合”的设计方案中。通过双向反馈和持续调整，实现校内外动态评价的弹性转变，保障人才培养供给侧与行业企业用人需求侧达到“供需”平衡状态。另一方面，还需建立教师交互评价平台，促进高校专业教师与创新创业教师之间的深入交流与合作。通过这个平台，教师可以相互评价课程设计和教学过程，创新创业教师可以评估专业教师在融合创新创业知识和技能方面的表现，从而提升学生的专业知识技能在社会生产实践中的应用能力。同时，教师在行业企业的考核标准下，可以更加规范和前瞻性地设计并实施“专创融合”课程，确保人才培养的科学性和前瞻性。通过这些措施的实施，有望激发行业企业更积极地参与高校“专创融合”的动态考核评价，形成更加科学、有效的评价机制，推动高校人才培养与市场需求的紧密对接。

第四章　高校“专创融合”教育的实施路径

随着创新创业教育理念在高等教育领域的广泛传播与实践，其与专业教育的深度融合已逐渐成为引领教育改革与创新的重要方向。在深入研究和分析当前融合发展的现状后，我们清晰地认识到，尽管面临诸多问题和挑战，但融合发展的必要性与紧迫性已不容忽视，且对于提升高等教育质量、促进学生全面发展具有重要意义。从个案的深入研究到问题的根本原因分析，我们已对创新创业教育与专业教育融合的现状、困境及潜在机遇有了更全面和深入的理解。然而，真正的挑战在于如何将这些理念与策略从理论层面转化为实践行动，确保它们能够真正融入高等教育的日常教学与管理体系中，从而推动教育模式的创新与升级。

本章将重点探讨高校创业教育与专业教育融合的具体实施路径，以期为相关实践提供有益的参考与借鉴，共同推动高等教育的持续发展与创新。

第一节　高校创业教育融入专业教育的原则厘定

原则是创业教育融入专业教育过程中方向、效能的保证，是人才培养目标的体现。正确的原则有助于提升融入的实效性和人才培养效率，错误的原则将在根本上削弱创业教育的功能。创业教育融入专业教育全过程，其实质是两种不同教育体系的融合，涉及教育系统中诸多要素之间的耦合协同，原则的厘定是不同要素之间相互作用和联动的重要依据。“专创融合”至少要遵循以下四方面原则。

一、坚持有机融合原则

创业教育要科学定位其与专业教育的关系，不能盲目融入专业教育体系，而是要有机融入。有机物是生命形成的根本，有机联系就是要推动两者彼此结合，相互协调获得新的生命形态。有机融合的核心意涵指创业教育在融入专业教育过程中并不相互抵触、牵制，而是各取所长，相互取长补短，获得更好的育人效能。在“有机”原则引导下，创业教育与专业教育的结合要处理好三重关系。首先，科学定位创业教育地位。专业教育是高校人才培养的主旨和根本，高校不仅要传授专业人才相应的专业知识、技能，同时专业教育还内蕴专业人才高深知识创新能力培养功能，与创业教育相比，专业教育更具高深性，专业知识是高校大学生知识体系的主体。创业教育是专业教育人才培养功能的拓展和延伸，创业教育的融入意在促进专业人才培养模式变革，推动传统知识、技能型人才培养向知识、技能创业型转变，形塑具有专业创业能力的复合型人才。创业知识是推动专业知识迁移和实践的催化剂和动力之源，专业知识是创业意识、动机和能力形成的重要基础，我们不能脱离专业进行创业，因此，融入背景下的创业教育发展要处理好与专业教育的关系，要合理渗入专业教育过程，而不能取代专业教育的主体地位。其次，创业教育的融入要有系统性。系统性是有机融合的重要保证，创业教育融入专业教育是一项系统工程。创业教育与专业教育是不同的子系统，这两个子系统的融合需要其内部各要素之间充分协调，同时保证系统自身的平衡和稳定，从本质上来看，“专创融合”要保证育人功能不能被削弱和消解。从系统性考察，首先要明确创业教育与专业教育融合的整体性目标，在此背景下，不断整合子系统中的要素，将子系统的特性放到整体中去权衡，以整体系统的总目标去调适各要素之间的关系。最后，创业教育的融入要有结构性。结构化的融合体现了专业教育的主导地位，创业教育的融入是全过程、全要素融入，但具体到每个要素的融合时要结构性地嵌入，不可将创业教育泛化，削弱高校教育中专业教育的主体地位。通过科学构思，将创业教育知识模块化融入专业教育课程体系，将创业教育的评价要素融入专业教育的评价体系，将创业教育的目标结构化融入专业教育体系中，结构化的目的就是要更加科学地衔接专业教育，在提升创业教育融入有效性，推动专业创业人才培养的同时不干扰高校专业教育这个中心任务。总体上，有机融合就是要让两种不同但具有内在联系的教育形态融为一体，获得更强大的生命力。

二、坚持差异化融合原则

尊重差异是有效融入的前提，差异化融入就是要避免盲目性、整体性的融入模式，而是要结合学生的特点、学科知识的属性等有针对性地建构融入模式和路径。差异化融入要求对融入的要素和对象进行具体的分析，寻找“专创融合”时潜在的排异反应，并有效规避此类风险，在创业教育融入专业教育全过程中要进行差异化设计。本书认为，创业教育与专业教育的融合要考虑三个方面差异对融入可能带来的风险。首先，尊重阶段差异。阶段差异即是教育对象的层次差异，不同层次学生群体其知识的拥有状态和创新能力相异，“专创融合”需要根据不同层次、类型专业教育自身的特点开展。专业教育的本质是知识的习得与创新，专科阶段专业教育注重操作性实用技术传授，本科阶段专业教育注重知识的整合与应用，研究生阶段专业教育则注重知识生产与创新，因此，创业教育的融入要以个体的知识、技能习得为依据，在专科阶段促进实用技术创业，在本科阶段推动知识之间的综合和迁移，在研究生阶段要推动高新技术创业，基于其知识基础开展有针对性的创业教育，对创业教育融入的理念、模式以及课程、师资、平台等关键要素展开研究，提升融入实效性。其次，尊重专业差异。专业差异是推动创业教育融入专业教育全过程的重要意旨所在，不同的专业知识其迁移、应用实践的性质存在差异。根据不同的分类标准，专业可以划分为人文学科专业、社会学科专业以及自然学科专业，抑或划分为基础学科专业和应用性学科专业等。无论哪一种划分样态都反映了知识的属性，或是关于人的知识，或是关于社会的知识，或是关于自然的知识，而每项知识谱系都内含基础和应用两个维度的知识子系统。创业教育的融入要紧密结合专业知识的属性，构建相应的专业创业教育模式和路径。最后，尊重兴趣差异。创业教育融入专业教育并不意味着专业学生必须基于本专业开展创业，创业教育的融入更重要的是激活学生基于专业的创业兴趣、创业意识和培养创业能力。然而，在客观上并非所有专业学生均会参与本专业的创业活动，推动本专业与其他专业的交叉融合，或本专业以外的专业知识创业，同样应该纳入“专创融合”的教育体系中。尊重学生之间的兴趣差异，同时提高制度设计的包容性，满足更多学生的创业教育需求。

三、坚持需求导向原则

“专创融合”的创业教育模式构建是知识社会发展的内在诉求，创业教育融入专业教育的本质即是知识创业，是高校专业人才更加深入走向社会的助推力。专业教育开展的前提是专业的设置，现代大学的专业设置其基本依据是社会需求，国家根据社会经济发展现状对人才的规模结构做出预测，通过专业设置进行供求之间的调节。在此意义上，基于专业开展的创业教育毋庸置疑是高校专业教育服务社会能力的进一步延伸和拓展。因此，创业教育如何实现以及实现怎样的融合仍然要以社会需求为导向。“专创融合”的教育体系构建要在两个方面体现社会需求。首先，专业创业人才外部规模和结构要适应社会需求。规模反映了人才培养的总量，随着我国社会经济的转型发展，社会生产对传统的资金、劳动力、土地的要求相对知识要素明显下降，也就是说，现代社会发展日益依赖知识的参与，而专业创业正是这一趋势和社会发展特点的彰显。专业创业本质上即是知识创业，是知识更加直接地与社会其他要素进行整合和优化，参与社会生产进而形成社会发展动力。社会各系统和要素的发展均需要专业知识，这也就提供了创业的可能。由此而言，创业教育融入专业教育，就是要培养大量具有创业意识和能力的未来工作者和生产者，满足社会各行各业的需求。当然，这种人才供给并不是整体和笼统的，而是要和国家以及区域产业发展及其需求相结合。这就涉及另一方面，“专创融合”要和国家需求的人才结构具有一致性。结合区域社会和产业经济发展进行创业教育，是提升未来创业成功可能性的重要路径，也是适应和促进区域经济社会发展的重要策略。其次，专业创业人才的内在规格要适应社会需求。人才的规格就是人才的知识、能力、技能等的结构样态，“专创融合”的人才培养就是要重塑传统创业人才的内在规格。我国创业教育起步晚，创业教育处于粗放发展的阶段，“摆地摊”“开网店”等成了创业的主要形式，很显然这种创业教育脱离了专业，专业创业呈现出两张皮现象，这种人才培养的规格远远不能适应和促进我国知识社会的发展和进步。“专创融合”教育要优化自身的外部宏观结构，同时也要促进创业人才培养质量的提升。其重点在于，一方面，“专创融合”的创业人才要夯实自身专业知识基础，通过提升专业素质促进创业能力生成。另一方面，“专创融合”的创业人才培养要加强与专业相联系的行业协同合作，专业知识领域相关行业要加强对专业创业人才培养的指导和参与，提供相应的创业实践平台。

四、坚持“教育本位”原则

创业教育与专业教育的有机融合最终都不能脱离教育这一主题，这是大学的基本功能和使命，“专创融合”是教育的融合，脱离教育谈创业是高校的越位。当前，我国高校创业教育活动呈现出偏离教育的创业倾向，也就是说，创业取代了教育。诚然，创业教育要通过实践、实训手段开展，在行动中获得创业能力和隐性知识，但这并不意味着鼓励在籍学生荒废学业进行创业，高校要坚守教育天职。本书认为，“专创融合”教育要确保教育这一主旨不动摇，消解创业教育的异化风险。坚守“专创融合”教育的“教育”本位需要在实践教学、学籍管理等要素上进行科学、完善的制度化。《说文解字》对教育进行了形象的描述，“教”即是上所施下所效，而“育”则是养子使作善也。教育就是要促进下一代相应的专业能力发展，提升社会适应和生存能力。从实践教学来看，就是发挥和强化实践教学的育人功能，而不是创业功能，创业活动需要在学校以外的社会系统中完成，而不是高等院校。专业教育是高校教育的主体，创业是为了拓展和延伸高校专业教育功能，高校是教育的场域而不是创业的场域。专业创业的教学既包括传统的课堂教学，也包括基于岗位的创业实践、基于园区的创业实践活动，这类活动是学生专业创业能力培养的重要载体和平台，在教学实践中要发挥其教育意义，教师和学生共同参与创业实践教学，引导和促进学生创业实践反思，进而提升创业智慧水平，为未来创业奠定基础。从学籍管理来看，近年来，国家提出放宽、放松学籍管理，允许在籍学生离校创业，为高校学生创业提供支持。这一制度设计鼓励了高校学生创业，激发了学生投身创业教育的热情，但也存在一定风险。传统小众化创业教育背景下，休学创业集中于少数有创业意愿的学生，而“专创融合”教育意味着面向大众和全体的创业教育。一方面，在学期间，学生并未具备系统、完善和扎实的基础知识，不利于创业与专业的深度融合，创业的质量仍然存疑。另一方面，离校创业活动已经不是创业实践教育范畴，背离了大学的育人本位。本书认为，我们要在尊重“以人为本”，开放性学籍管理原则下，加强对离校创业学生创业计划的审核，严控离校创业的比例，既要灵活设计，促进青年学生更好融入社会生产系统，同时也要坚守高校的教育天职。

第二节　高校创业教育融入专业教育的理念转变

“专创融合”教育不仅是人才培养模式的转型，更重要的是理念的更新。理念是创业教育发展的重要灵魂，是推动创业人才培养的内在价值机制。我国高校创业教育发展较晚，创业教育理念仍然不能反映当前社会的人才需求特点，甚至约束和限制了创业人才培养。

一、从小众化到广谱式的转变

创业教育的小众化反映了创业教育在高校中的地位，同时也体现了其单一、僵化的模式。所谓小众化，即是社会系统中主体之间源于一定的共同兴趣、爱好或品性等聚合形成的交互群落。传统创业教育处在高校教育系统的边缘，是“有兴趣”的学生事项。创业教育的小众化削弱了创业教育推动知识社会发展的功能，在知识经济背景下，创业教育要与专业知识相结合，促进不同专业学生接受创业教育，为未来知识创业奠定基础，实现小众化向广谱式转变。

首先，以全体学生为对象。从理论上说，创业更多集中于应用性较强的专业，那些远离市场和社会的专业知识难以迁移，并与社会系统要素进行整合，因此，一般而言，理工科和商业类专业更易创业。我国当前创业教育尚未与专业教育紧密结合和联系，创业教育主要集中于少数专业，而大量专业的学生并未接受系统的创业教育。高校创业教育的主要目的并不是推动学生毕业后立即创业，而是为未来职业生涯奠定创业能力基础。要牢固树立先进的创新创业教育理念，实现由单纯面向有创新创业意愿的学生向全体学生的转变，切实增强学生的创新精神、创业意识和创新创业能力。在这方面，域外国家已经取得了一定的成就，其模式也较为成熟，例如，李文英等在对澳大利亚创业教育的研究中就提出了“普及模式”这一概念，郝蕾在研究英国谢菲尔德哈勒姆大学时提出了“创业通识教育”，以及梅伟惠等在研究美国创业教育时提出了“全校性”教育等，这些模式的本质就是要将创业教育推向全体学生，以形塑未来创业能力为目标。

其次，建立广谱式教育模式。创业教育边缘于传统专业教育，创业是极少数学生的兴趣，作为高等教育机构，高校的创业教育在很大程度上是为这类学生服务，而没有参与创业活动，或暂时没有创业兴趣的学生则鲜有获得创业教育的机会。由此而言，我们需要更新传统创业教育的模式，建立面向全体学生的教育机制，在培养目标、培养过程以及结果评价等方面加强改革。广谱式创业教育以提升学生创业素养和创业能力为本位，创业课程针对全校的学生展开，这一教育模式将创业作为一项实践性的工具，培养不同学科背景学生的创业精神和创业意识。在目标设计上，将创业能力作为重要维度，围绕创业能力进行课程、教学和评价机制的整合。

不仅如此，“专创融合”背景下，创业教育人才的培养还要处理好广谱与精英的关系。创业教育既要面向大多数，同时也要培养创业精英。在“专创融合”的背景下，促进专业创业的发展，培养专业领域创业人才是知识社会背景下经济发展和人才需求的体现，社会需要大量兼有专业知识和创业能力的复合型人才，但同时也需要创业精英的引领。广谱式创业教育并不会阻碍创业精英的培养，在面向专业的创业教育中创新体制机制，加强和完善激励机制，选拔和培养专业创业的精英人才，点面结合。

二、从商业视角到多元价值的拓展

我国高校创业教育受西方国家影响，其中美国高校创业教育的影响尤为明显。创业教育的发展主要在于知识经济的形成以及社会进步对知识的依赖日益加深，因此创业最初主要诞生于商业领域，营利是创业的根本目的。一定程度上来看，创业教育缘起于商学院的企业管理教育，普遍认为，创业教育的开端是 1947 年美国哈佛大学教授梅斯开设的“新企业的管理”，创业教育由商学院组织开展，这就证明了创业教育的功利动机，对商业利益的追求和对市场经济的迎合是创业教育开展的重要基础和旨归。塞克斯顿等(D. L. sexton,1991)强调“衡量创业教育的最终标准就是看能否培养和发展学生的抱负并真正创办企业”，创办企业成为这一时期创业教育的主要目的。从我国创业教育发展史观之，商业导向是逻辑起点，也是根本任务。1997 年，清华大学经济管理学院最早在国内 MBA 培养计划中设立专业方向，在 MBA 项目中开设了创业方向，中心成员是创业课程的教员。在国内，清华 MBA 创业方向的设立意味着创业教育的发端与肇始。

“专创融合”背景下，创业教育将超越传统对商业和经济利益追求的单一模式。创业教育的价值将更加多元，全方位满足社会发展需求，而不仅仅是满足社会经济发展的需求。创业教育融入专业教育，推动专业创业发展将更加丰富专业服务社会的路径和形态。社会不仅需要商业类的创业项目来孕育经济发展动力，同时也需要满足公共利益和需求。不仅如此，高校专业结构上不仅有自然科学类应用性较强的专业，同时也有社会科学和人文学科专业，而社会性和人文性较强的专业则主要为了满足社会公共利益和人自身需求，基于这类专业知识进行创业无疑将有益于促进社会系统高效运行，同时丰富人的精神世界。专、创融合将深层推动创业教育的价值变革，从商业到多元价值的转型。

实践中，这种转型主要体现为社会创业模式的兴起。社会创业是一种区别于商业创业的创业模式，它不仅追求经济利益，同时更重要的是以社会利益的最大化为根本目的，创造社会价值和公共价值，满足社会需要或促进社会改革。社会创业是一种在非营利性组织、商业组织和公共部门之内或者之间的，具有创新性、能够创造社会价值的活动。约翰逊指出:“社会创业是一种满足复杂社会需求的创新方式，它采用营利与非营利的混合模式，强调问题解决与社会创新。”随着知识社会的发展，社会对知识的依赖进一步增强，社会创业逐渐成为商业模式后的又一主流模式。在美国，哈佛大学格雷格·迪斯(GregDees)教授率先在商学院开设社会创业课程《社会部门中的创业》，并很快由传统的商学院主导演变为学科交融模式。非商业类专业融入促进了专业与创业的深度融合，推动了创业教育价值的多元化。

三、从就业导向到能力驱动的转变

在我国，创业教育始于经济管理专业的在职人才培养，但其良好的育人效果和重大的教育价值很快推动创业教育走向在校学生，以此促进和提升其就业能力。2002

年，是我国高等教育扩招以来第一次面临大规模就业压力，这一年，中国共产党第十六次全国代表大会指出，各级党委和政府必须把改善创业环境和增加就业岗位作为重要职责，引导全社会转变就业观念，推行灵活多样的就业形式，鼓励自谋职业和自主创业，同年，我国第一次全国性创业教育大会召开，会议重点提出高校创业教育的实践探索问题，着力化解日益增大的就业压力，“以创业促进就业”日益成为国家和高校的共识。这一阶段，创业教育成为化解就业压力的良方，创业教育与专业教育尚未有效衔接，创业教育的功能既没有充分认识，也没有充分发挥。然而，毋庸置疑，“以创业促进就业”在根本上启动了我国的创业教育。

事实上，根据人才培养的规律，我们可能不会一毕业就从事创业活动，因为创业不仅需要一定的意识、动机和能力，同时更需要社会提供的资源、自身的物质基础，团队的构建以及不可预测的外部因素等，可以说创业实践是一项复杂的活动。据《中国人才发展报告 N0. 5》统计，一般创业企业的失败率在七成，大学生创业成功率则只有 2%~3%，据 2004 年的一项报告显示，全国 97 家学生创办比较早的学生企业，盈利的占 17%，5 年内仅有 30%能够生存下来。在国外，高校学生毕业就创业同样困难重重，有学者(阿玛・布海德)调查了哈佛商学院的学生和世界五百强中 100 强在内的许多企业，他的结论是，“即便是工商管理专业的硕士毕业生，要想使自己的企业取得成功，也必须接受几年磨炼才行”“实际上，毕业后便开始创业的工商管理硕士是很少的，他们中的大多数还是愿意在毕业后 5~10 年内开办自己的公司”。由此可见，传统以创业促就业的观念需要转型，长远来看，创业有利于就业压力的缓解，但创业不能成为提升毕业生就业率的选项，根据学生创业的实际以及创业活动的特点，有必要从就业导向转向能力发展导向。

由于毕业后立即就业在现实中难以实现，大多数毕业生需要经历一定时期的岗位历练，然后进入创业阶段，因此，我们在人才培养模式上有必要更新观念，亦即由就业导向转向能力和素养导向。

创业教育和专业教育的融合一方面丰富了创业的业态，同时也更加注重创业能力培养，为未来创业奠定基础。融入背景下的创业教育，由具有创业兴趣的少数人转向全体、所有专业青年学生，创业教育的目标不再只是推进就业，而是为未来创业奠基，也即是经由就业走向创业，在高等教育阶段，所有学生均要系统接受创业教育，养成未来创业能力。

四、从经验传授到知识创业的升级

知识在社会进步中的地位日益凸显，知识社会化的社会特点使得社会发展的各个方面、社会的各个细胞都需要知识的参与。与传统农业社会对土地的强调、工业社会对资本、资源等的强调，知识社会更加关注知识。知识的生产创新是企业、行业和国家竞争的基础。从科学的目的与结果来看，科学知识不仅要满足好奇心，解释世界，同时更为重要的是纳入人类的实践体系，促进实践方式的改进，进而改变生活世界，专业知识是经过实践证明的具有科学意义的人类认识成果，专业知识进入创业系统，有利于更加有效地转化知识的生产力价值，其机理在于创业实践将推动知识要素更加直接地与社会系统要素整合，可以说创业教育融入专业教育顺应了社会发展的趋势和要求。

传统创业教育对创业经验的强调超过创业知识。我国创业教育仍然处于初级阶段，由于创业教育方法、育人机制尚不完善，高校创业人才的培养机制较为粗放，创业知识的制度化、课程化仍然处于摸索和构建过程中。对创业经验的强调遮盖了创业知识的重要价值，基于创业知识的创业经验学习能够更好地促进经验内化到学生的认知结构中，并对经验本身进行深入的加工和逻辑分析，进而成为有效创业行为的重要基础。创业要遵循其相应的规律和逻辑，创业的理性认识是创业成功的保证。经验创业模式根源于对创业就业功能认识的偏误，学生学习某项创业技能或经验，从事一项简单的、没有专业知识内涵的创业实践就意味着学生的就业，而这种创业能否生存则不会纳入高校的评价体系。经验化的创业教育速度快，具有高模仿性，但同时也具有高失败率。

传统创业教育更加关注创业经验或某些特殊的创业技能，没有充分结合和衔接学生的专业知识，这约束了创业规模，创业难以成为覆盖全体学生的教育活动。更重要的是，脱离专业知识的创业，不能给知识社会发展提供长期有力的动能，这种创业教育模式将会导致创业形式同质化，削弱创业活动的生命力。知识创业既可以依托某一项实用性、操作性技能，也可以通过不同属性知识之间的整合，抑或通过高深知识的生产创新来实现，不仅可以让不同层次知识进入社会运行系统，同时也可以让不同类型的专业知识进入社会系统，超越传统的商业模式，推动社会创业，满足社会公共需求。“专创融合”背景下，基于专业知识开展创业教育是我国创业教育转型发展和专业人才培养模式改革的双重诉求。

第三节 高校“专创融合”教育的培养机制创新

专业创业教育理念能否落实关键在于课程和教学。课程是创业教育实施的基础和知识载体，在本质上就是要解决将什么样的知识通过什么方式组织起来，并有效传授给学生的过程。在实践中，课程即是指学校为实现培养目标而选择的教育内容及其进程的总和，是学校和教师所教授的各门学科和有目的有计划的教育活动。创业教育课程与专业教育课程整合一方面要加强顶层设计，另一方面要构建有效路径。与之相应的是采取何种教学方法落实课程内容安排，同样需要创新机制，在保证传统专业知识教学系统性、专业性的同时推动专业创业知识的耦合。

一、构建“广谱+专业融入”的课程模式

创业教育课程的构建，应严格遵循创业人才培养的固有规律，通过周密的计划安排，循序渐进地提升青年学生的专业创业能力。在课程体系建构上，要坚持普遍性和特殊性相结合，既考虑对象的普遍性和特殊性，也考虑知识体系本身的普遍性和特殊性。基于这种认识，专业创业教育课程体系要进行综合设计，既要面向全体学生开设创业通识类课程，同时也要结合各专业群体的知识属性差异开设专业创业课程。这种课程设计模式，本书称为“广谱式+专业融入式”课程模式。

（一）面向全校学生开设广谱式创业课程

广谱式创业课程理念并不是希望推动所有学生毕业即创业，而是为未来创业奠基。它以全校学生为教育对象，以激发学生的创新创业意识为出发点，以普及创业基本知识为内容，以培养和形塑学生创业意识、创业精神为目的。创业教育远非仅是指导学生设计、创办、经营和管理商业企业或公司，也不仅是解决大学生就业问题的权宜之计，它既是当前促进高等教育内涵发展，不断提高人才培养质量的重要途径，也是大学生充分实现人生价值、提升人生境界的重要途径；既是当前强力支撑创新驱动，服务职业变迁、产业升级和整个经济增长方式转变的重要方式，也是关系民族创新能力提升和创新型国家建设的重大战略问题。广谱式创业课程重在夯实青年学生的创业基础知识，为未来职业生涯中的创业实践提供支持。

广谱式创业课程体系构建具有三方面的特点。第一，广谱式创业课程实施对象是

全体学生。广谱式创业课程以通识课的形式呈现，其特点之一是全体性。全体的内涵可以理解为全校范围内的不分年级、不分层级，全面覆盖。在本质上，广谱式创业课程是总结创业教育规律以及学生身心发展特点上形成的，是高校创业教育推进的基础工程。第二，广谱式创业课程面向教育全过程。作为创业基础类课程要面向全过程，根据不同年级学生身心发展特点有针对性地开设，如大一大二重在激发创业意识，形成初步的创业规划，掌握创业基本知识，大三则重视培养创业综合素质和能力，大四重在掌握创业形势，提升创业技能。广谱式创业课程是由诸多课程要素构成的体系，在不同阶段向学生传授不同科目的通识类创业课程，贯穿学生发展全过程。第三，广谱式创业课程强调创业基础知识和基本技能训练。广谱式创业课程是以融合科学与人文学科中与就业创业相关的基本观念、知识和能力为主要内容的渗透、融通与综合，强调理工、人文、社会等学科的沟通，旨在培养具有宽广视野、人文及科学精神的就业创业者，这类课程强调创业知识和技能的基础性和通用性。2007 年，百森商学院为该校本科生开发了 39 门创业教育课程，主要包括五个部分——战略与商业机会、创业者、资源需求与商业计划、创业企业融资与快速成长等。这些课程着眼于创业者的基本知识和基本技能，被誉为“美国高校创业教育课程化的基本范式”。

根据以上对广谱式创业课程的内涵与特点分析，我们不难发现，将广谱式创业课程定位在公共课更为合理。因为公共课具有广谱式课程所要求的全体性、全过程性以及基础性的重要特点。在我国高校中，公共课通常作为专业课以外的第二课堂存在，学生在选择课程时具有较大的自主权。大部分公共课程以选修课的形式出现。学生根据自身创业兴趣以及未来职业生涯发展规划有计划、有目的地选择。总体来说，我国高校创业教育广谱式的基础课程一般有两种类型，即选修课和必修课。本书认为，创业教育基础课程既需要丰富的选修课程以满足学生的个性化需求，也需要一定数量的必修课程以确保基础知识的普及。据东北师范大学杨晓慧课题组对全国 76 所高校的调查研究，我国高校创业教育在基础课程设计上，将创业教育基础课作为必修课程的只占 3%，其余均将其作为选修课程。诚然，选修课程的多样性和丰富性，更有助于培养大学生的创业个性和能力，然而，作为最基础的创业教育知识通过必修的形式去实施，更有利于提升人才培养效率。因此，在广谱式创业课程构建中，要处理好必修与选修的关系。具体而言，就必修课程来看，这一时期学生尚未深入系统掌握自身专业知识，创业教育仍然处于萌芽阶段，学生创业意识薄弱，创业兴趣缺失，以必修课程的形式实施，通过学校强制力促进学生构建基本创业知识具有必要性。通过有组织、有计划地开设符合大学生创业认知的课程激发其创业意识、养成基本创业素养是广谱式创业课程开发的重要价值和导向，在具体实施路径上，应将创业教育公共课程纳入专业人才培养方案设计，作为学位授予的重要基础条件之一，以确保创业教育的有效实施和人才培养质量的稳步提升。

（二）面向专业学生开设专业融入式创业课程

融入式创业课程的提出，正是基于当前国内创业教育课程所面临的实际情况与迫切需求。在高校的教育生态中，创新创业教育大都远离第一课堂和专业教学，其地位显得颇为尴尬。学科建设规划、人才培养目标、师生激励导向以及质量评价体系中，创业教育往往未能获得应有的重视与纳入。从形式上来看，多数高校更倾向于通过讲座、创业计划大赛等临时性活动来推进创业教育，而缺乏规范化、系统化的课堂教育模式。这种现状导致了创业教育的影响范围有限，主要局限于少数学生，精英化色彩浓厚，难以惠及全体学生。更关键的是，传统创业教育课程与专业教育的脱节，使得创业人才的面窄，缺乏深度与广度，青年学生的专业知识优势在创业过程中难以得到有效发挥。

专业融入式课程，又被称为嵌入式课程，其核心理念在于将创业知识与专业知识相结合，开发出具有鲜明专业特色的创业教育课程体系。与广谱式创业课程强调的全体性与基础性不同，融入式创业课程更加注重针对性、实战性与专业性。在广谱式创业课程学习的基础上，进一步开展专业融合式的课程建构，有助于大学生发挥专业知识优势，提高创业成功率。同时，专业知识在创业中的应用也是推动区域社会创新发展的重要动力之一。具体而言，融入式创业课程的实施关键在于将创业课程与专业知识领域紧密结合，围绕专业知识开展具有针对性的创业教育。这种融合有助于学生在把握专业知识内在特点和属性的前提下科学评估自身创业领域的前景，推动专业知识更高效地转化和应用于未来职业生涯。

融入式创业课程是一种嵌入专业知识体系中，实现与专业知识有效融合的创业教育理念。为了更高效地实现创业与专业融合，需要遵循三项原则。

首先，“分专业”推进课程融入。鉴于不同专业的知识迁移能力与社会化水平存在差异，各专业的创业性质与难度也不尽相同。因此，融入式创业课程应针对不同专业的特点，提出相应的培训方案。例如，康奈尔大学在其“酒店管理专业”中开设了“饭店创业”课程，旨在培养学生掌握与饭店管理相关的基本知识与技能；而在机械与航空专业，则开设了“工程师创业”课程，重点培养学生形成与机械工程创业相关的核心技能与综合素质。这种与专业高度相关的课程设置，有助于大学生更明确地把握未来创业样态，为未来的职业发展与创业实践奠定坚实的基础。

其次，“分阶段”推进创业课程融入。专业创业课程应该具有递进性，这是由创业教育对象的特点决定的。高校创业教育对象不仅包括职业院校专科生、普通高校与应用型高校的本科生、研究生，同时还要关注不同年级学生的群体差异。不同年级，学生的创业认知水平具有显著差异，个体随着年龄增长，知识结构、思维的完善而呈现出创业观念和创业兴趣的转变。分阶段开设创业教育课程就是要照顾这种差异性。例如，可以为大学一二年级的学生开设专业创业的初级课程，启发其专业知识创业的意识，而大学三四年级，可以在专业教育过程中提供本专业创业的实战性训练项目，提升专业创业实践能力。

最后，“分群体”融合。创业教育课程实施对象虽然按专业划分，但同一专业内部学生创业兴趣具有差异性，有的学生并不适合创业，强制性创业教育往往适得其反。创业教育课程的融入要尊重学生个体差异，灵活化处理课程制度。浙江大学徐小洲教授调查认为，创业教育更多的功能与作用是把潜在的创业者转化成实际的创业者，有的学生适合创业，有的则不适合。“专创融合”的创业教育对于不适合或无创业意识的学生而言，只需要了解基本的创业知识和创业技能即可，在融入阶段不能强制。专业教育的开展并不完全是培养创业者，同时也培养学术创新者，课程融入需要区别对待。

融入式创业课程与传统的商学院或创业教育中心组织的创业课程相比，具有更鲜明的专业特色和更灵活丰富的组织形式。因此，其组织与实施过程也更为复杂与精细。

宏观上，融入式创业课程由于其与专业高度相关，因此课程设置和构建主体下沉到院系内部，由学院机构组织开发。院校的专业系科，对本专业领域的理论知识体系及其实践特性有深刻把握，因此，它们主导创业课程的建设，不仅能够充分展现专业特色，还能更好地契合学生的兴趣与身心发展特点。以康奈尔大学为例，虽然其创业课程名义上由 EPE 统筹规划，但在实际操作中，更多的是由各学院根据自身特色与需求自行安排。EPE 作为一个由各学院院长组成的协调机构，主要负责协调各学院间的课程资源，确保各学院能够根据自身专业特点和创业前景，自主设计并安排创业课程。同时，不同学院之间的创业教育课程也实现了互选，从而形成了丰富多样的创业教育课程体系。

微观上，融入式创业课程的组织主要聚焦于知识耦合的形式。本书认为，创业教育融入专业教育的过程中，创业知识与专业知识的耦合主要通过两种途径实现。（1）创业教育融入单一学科，通过深化单一学科知识的应用与创新，推动学生基于该学科知识的创业能力提升。这一课程体系构建的理念在于“在知识经济时代，社会经济发展的真正动力是将科技的威力与创业精神相结合”。例如，在通信工程专业融入创业知识，促进学生基于通信工程知识的创业，培养工程创业的精神，成为创业型的通信工程专家，在植物保护专业融入创业课程，发挥学生自身拥有的关于植物病虫害防护或其他相关实用知识的优势，基于这种优势开展专门性的创业组织构建等。（2）创业教育课程融入多学科，推动学科专业交叉。事实上，任何一项创业组织的开展都是复杂的活动，需要不同知识去解决。这里的多学科交叉更加强调专业知识的多元，围绕复杂的创业问题或创业项目，需要组建跨学科团队，通过不同专业知识的交流沟通产生更有价值的创业活动。

基于以上广谱式创业课程和融入式创业课程的分析，我们明晰了广谱式创业课程的内涵与特点，理清了融入式创业课程构建的原则和组织，专业创业教育课程体系的构建要综合两者的优势，促进两种不同课程有机结合，共同服务于专业创业人才的培养。具体而言，广谱专业创业的课程体系将主要遵循从低年级向高年级拓展的课程实施进路。在广谱式阶段以通识选修课程为主，主要培养创业基础能力；在专业融入阶段，则重点开发基于专业知识的创业选修课程，培养学生的专业创业核心能力；而在最后阶段，则构建创业实战课程，为有兴趣从事专业创业的学生提供实践机会，为未来职业生涯奠定坚实的基础。整体来看，广谱式加融入式创业课程体系的构建是一个先理论后实践、从低年级向高年级递进的过程。它严格遵循创业规律和教育规律，将创业人才的培养全面融入专业人才培养体系，推动创业教育从规模增长向内涵提升的转变。

二、建立三级联动的专创课程开发机制

课程是知识的选择与制度化，创业教育融入专业教育是知识的融入，如何将选择后的创业知识纳入专业教育体系，进而实现专业创业人才培养，其关键在于课程整合，通过专业教育系统达到创业人才培养的目标。“专创融合”需要建立完善的课程体系，不仅需要构建专业领域的创业课程，同时还要加强通识性的和地方性的创业课程设计，确保创业人才培养满足普遍性的要求，同时也要满足专业要求和区域要求。

（一）国家层面：构建专业创业教育必修课程

国家课程集中体现了一个国家的意志，专门为培养未来的公民而设计，是依据未来公民接受教育后所要达到的共同素质而开发的课程。根据不同教育阶段的性质与培

养目标，制定各个领域或学科的课程标准或教学大纲，编写教科书。创业教育的推进是国家的战略意志，必然包含国家的战略诉求，如何将这种内蕴的诉求转化为知识载体，进而落实国家意志，需要加强课程设计。构建专业创业教育课程需要从三个方面推进。(1) 构建国家层面创业教育课程组织机构，领导全国创业教育课程开发、运行和管理，在此机构中专门设置专业创业课程开发协调组织，或基于各专业教学指导委员会建立本专业创业教育指导机构。(2) 基于创业教育课程领导组织，在全国范围内组织精干力量，融合行业、企业或社会机构等，科学建立各专业创业的核心素养体系，通过国家强制力推进专业创业核心能力培养，以核心素养为依据开发相应的专业创业教育教材，夯实专业创业的基本知识和基本技能。如法学专业的创业教材、农学专业的创业教材等。(3) 建立专业创业的国家精品课程。在全国范围内，以专业为单位遴选本专业创业教育的精品课程，通过互联网实现课程资源的共享，为专业创业人才培养提供优质教育资源保证。

（二）地方层面：开发专业创业教育选修课程

不同区域的经济发展存在显著差异，产业结构、劳动力结构、行业结构等各具特色。创业领域与地方产业结构等呈高度相关，据《中国大学生就业创业发展报告(2013—2014)》显示，我国高校毕业生在高校所在地进行创业的比例达到了73.28%[①]，由此而言，结合地方需求进行创业教育具有重要实践价值。为了更好地推进区域创新发展，有必要建立创业教育的校地协同机制。从课程建设来说，高校要与地方行业、产业机构合作，开发区域经济发展紧密相关专业的创业课程，形成独具特色的地方专业创业课程体系，作为高校创业选修项目。一方面，地方市场主体、公共机构以及学术部门要积极参与区域关联度高的专业创业课程建设，提出地方经济发展中各行各业创业技能标准以及相应的创业领域、创业岗位，为高校专业创业教育课程建设提供地方指导。另一方面，地方政府要加强组织领导，建立校地合作的联动机制。同时，发挥政府优势，根据区域发展规划以及区域经济社会运行发布创业人才需求信息，明确专业创业的人才结构，为高校专业创业课程建设提供信息保障。

（三）高校层面：构建专业创业教育校本课程

高校作为专业创业课程开发的核心力量，其课程构建既要严格遵循创业教育的内

① 杨晓慧：《中国大学生就业创业发展报告（2013-2014）》，人民出版社 2015 出版。

在规律，又要紧密结合区域社会经济发展的实际需求以及人才成长的自然规律。然而，当前我国创业教育课程建设的步伐尚显迟缓，难以满足日益增长的创业教育需求。据调查显示，对于“大学里设置了足够的关于创业的课程和项目”这一观点，持比较不赞同态度的人数占比较大，而完全赞同者仅占6.57%，其余受访者均表达了一定程度的不满。这反映出高校创业教育课程不仅存在数量上的不足，在质量上亟待提升。目前，创业教育课程相对较少，且往往以全校性通识性基础课程为主，与专业基础的结合不够紧密，专业创业课程的构建尚处于起步阶段。鉴于此，我们亟需从专业系科的角度出发，精心构建与创业教育紧密融合的校本课程。这类课程应充分依托高校自身的专业特色优势、专业教师队伍的深厚底蕴，以及所在区域经济社会发展的独特特点，集中优势资源，构建一套既符合学校专业创业教育发展需求，又具备高度实用性的知识体系和教学安排。在开发校本创业课程的过程中，应组建一支多元化的开发团队，包括精通专业知识的理论专家、拥有本专业创业成功经验的行业翘楚、具备创业学理论与实践背景的创业教育研究者，以及经验丰富的课程开发专家等。结合国家创业课程建设指导意见和专业创业核心素养，团队应致力于制定适应本区域经济发展需求的专业创业课程方案，开发相应的专业创业教材读本以及专业创业案例汇编等。与此同时，加强区域内外同一专业不同学校之间的创业课程合作与资源共享，通过共同打造专业创业精品课程，推动创业教育质量的整体提升。

三、实施“理实一体”教学模式

创业人才培养，一方面需要有效组织的课程知识体系，同时还需要具有将制度化、组织化知识传递给学生，渗透进学生认知体系的高效教学策略。创业教育融入专业教育体系既要在理论层面融入，也要在实践层面融入，与此同时，促进理论与实践之间的有效互动衔接。即专业创业教育既要加强青年学生专业创业理论知识的学习，同时也要加强专业创业实践能力培养，相比专业教育，创业教育的实践性更强，更加面向社会和市场需求，因此，在人才培养方式上要更加关注现实。

（一）确立“理实一体”的教学方案设计

专业创业在本质上是知识创业，促进专业知识与社会需求的高度衔接，将知识转化为社会服务、公共产品以及生产力。构建“理实一体”的教学方案，需要从三个方面着手。第一，合理安排教学过程中理论知识和实践知识构成。理论知识的传授是实践开展的前提和基础，在教学方案构建中要为学生提供系统的，具有实践指导价值的理论知识。同时，通过实践为学生创业奠定实践知识基础。在构建教学知识结构时，应充分结合专业特性及知识迁移性，确保教学方案能够精准对接专业创业能力的培养需求。本书认为，专业创业理论要少而精，重点突破本专业创业的理论难点和重点。专业创业教学中，要根据创业过程中的不同需求，加强创业实践知识传授。第二，科学选择“理实一体”的教学方法。鉴于创业教育的社会性、实践性和市场性特点，专业创业教育的教学方法不能完全沿袭传统专业教育的模式。相反，应根据专业创业教育的特性，以提升学生专业创业实践能力为目标，更加注重项目教学、案例教学和情景教学等方法的运用。这要求我们从传统的听讲模式中解放出来，转向在实践中学习、在岗位中锻炼，将理论知识不断应用于创业实践，从而推动创业能力的提升。第三，加强理论知识与实践知识的统整。高校专业创业作为一项新兴的教学活动，普遍缺少理论指导，专业创业的普遍规律及其原理仍然需要进行研究。专业创业教师在教学活动开展中要不断反思和提炼专业创业理论，对专业创业教学展开针对性专门研究，理论研究推动实践教学的深入实施。青年学生在习得专业创业理论知识的同时，也要强化实践，形塑创业实践能力。总体而言，教学方案的设计要基于专业知识的特点，引导学生掌握本专业创业的基本路向和创业模式，促进青年学生专业创业知识习得、专业创业技能锻炼和专业创业情感养成。

（二）建立“理实一体”的资源保障机制

“理实一体”的教学活动实施，其核心在于确保理论教学与实践教学的资源配置得以充分满足。缺乏必要的资源支持，教学活动将如同无本之木，难以持续开展。“理实一体”意味着创业教育教学活动不再囿于传统课堂，而是要基于特定的创业环境，按照一定的模式进行，结合行业、企业的现实背景开展，这是提升创业实践教育实效性的重要途径。资源保障，简言之，即是教师基于专业创业教学活动开展所需的知识传授载体及相关人财物资源。当前，我国高校专业创业教育教学资源处于紧缺状态，尚未构建起专业创业的资源支持系统，社会力量参与不足，内部力量仍然较多集中于传统广谱式创业教育教学资源开发。基于此，我们需要从两条进路出发，推动专业创业教学资源开发。一方面，加强专业创业教学理论资源开发。由于我国传统创业教育模式与专业教育存在脱节，专业创业教育教学理论资源的开发尚处于起步阶段，缺乏坚实的理论基础。随着专业创业教育教学实践的深入发展，理论教学资源的匮乏已成为制约专业创业实践能力培养的关键因素。长远来看，这不利于个体职业生涯中创业能力的持续提升。因此，我们需要组织专业系科力量，吸引创业师资参与，共同构建专业性的创业教育教学理论资源体系，明确专业创业教育的规律和基本原理。另一方面，应加强专业创业教育实践教学资源的开发。实践教学资源主要包括社会和高校自身所拥有的创业实践教学平台、空间场地、资金和行业专家等，旨在确保专业创业实践能力的有效培养。实践教学资源是构建理实一体教学模式的基础。我们应建立以高校为主体，社会、市场、政府和公共机构等多方参与的专业创业实践教学资源支持体系，确保实践教学拥有充足的资源保障。

（三）建立“理实一体”的教学评价路径

台湾知名教学评价学者简茂发曾指出，教学评价应涵盖对教师教学效率的评估、学生学习成效的衡量以及课程设计与实施的效果等多个维度。专业创业教学评价一方面旨在全面检验学生对本学科知识创业的认识、理论知识与实践知识的掌握情况，提升学生学习效能，另一方面，对于任课教师而言也具有激励作用，促进教师不断审视自身采取的教学组织形式、教学内容安排、教学方法设计，全面客观了解教学工作的效能。“理实一体”的教学评价符合专业创业教育的特点及其使命，区别于专业教育的教学评价，“理实一体”教学评价需要重点从两个方面着手：（1）建立过程导向的评价模式。以往教学评价活动中更多重视学生学习成绩的测定，而忽视了学生学习过程中知识的理解以及情感的培养，专业创业教育教学评价要重点凸出学生专业创业知识的习得，同时培养学生专业创业情感。加强过程评价在根本上符合了创业教育的特点，创业教育并不仅服务于就业，而且着眼于学生未来发展，对专业创业过程的把握具有更显著的长远意义。（2）改变评价方式。专业创业评价将由知识测验转变为实作考查。实作评价其实不是教学评价改革的一种新策略，它的主要用意在于以多种评价方式来评价学生不同的能力和技能，从中探视学生对所学知识的应用，而非仅仅展示记忆中的知识本身。专业创业教育的实作评价就是推动学生真正融入创业实践领域，感悟创业历程，掌握创业技能，通过实践性作品或实践活动的评价考查学生创业知识与技能的掌握，从而在评价层面推进理实一体教学理念。

四、优化专业实习与创业实训的衔接机制

专业教育旨在构建个体扎实的专业理论知识体系，传承并发展人类文明的精华。尽管专业教育也包含一定的实践环节，但创业所需的实践性知识更多依赖实际行动中的亲身体验。因此，高校创业教育对外部实习实训的需求更为突出。无论是专业实习还是创业实训，其核心目标均在于培养学生的实践能力。专业实践能力与专业创业实

践能力是一体两面的关系，虽然属于不同的能力范畴，但二者相辅相成，均需要通过实践来不断提升。具体而言，专业实践能力是专业知识的行动能力，服务于相应的社会分工和工作岗位，而专业创业能力是专业知识及其实践能力基础上，更加复杂的组织或活动创建，是专业实践能力的进一步拓展和延伸。在专业创业实践教学过程中，我们不能人为割裂两者的关系，而是要不断整合，促进两种能力有效统一到个体知识体系中。基于此，我们要整合实践教学过程和机制，着力于培养具有专业实践能力和专业创业实践能力的个体。

（一）贯通专业实习平台和专业创业实训平台

专业创业教育开展必须依赖众多实习实践基地，满足学生创业实践教学需求。专业教育系统的实习基地为专业创业实践奠定了基础。发挥专业教育实习基地的资源优势，转变为专业创业的实践教学资源是高校专业创业教育工作开展的重要路径。对此，我们需要从两条路径促进实习实训平台的整合。（1）建立叠加式平台体系。所谓叠加式，亦即赋予实习平台双重功能，既是专业实习平台，也是创业实训平台。这类实践教学平台主要针对岗位实习和岗位创业，大学生在实习岗位上一方面将习得的理论知识运用于岗位实践，同时还可以结合岗位需求和发展，将自身的专业知识与创业知识相结合，不断融合创新，提供更高效的服务及更优质产品，提升岗位工作效率。（2）建立组合式平台体系。在专业教育与创业教育的关系中，专业教育更为基础，在课程性质上，专业实习是必修课程，而专业创业是选修课程，因此专业实习的受教育主体范围更加广泛。为了贯通专业教育实习平台和专业创业实训平台，有必要在专业实习平台中遴选出具有创业教育优势的平台，赋予其创业教育功能，而对非创业教育实践教学平台则仍然保持专业实习功能。据此，实践教学平台将由两部分构成，即专业实习平台和创业实训平台，大学生在接受完专业实习后，可以继续进入专业创业实训平台开展创业实践，模拟创业。

（二）整合专业实习和创业实训的教学制度

为了更好地提升学生专业创业实践能力，保障专业实习和创业实训的有机统一，教学制度的创新尤为重要。其中，最核心的就是专业实习方案与创业实训方案的衔接。无论是实习还是实训，均旨在促进学生实践性知识习得。专业实习的实践性知识也即专业知识运用于社会实践和生产的能力，专业创业实训同样旨在促进青年学生专业知识实践，不同的是，这种专业知识实践并不是纯粹的直接作用于社会，而是以专业知识为中心，创建基于专业知识的社会服务组织和机构，为社会提供更多的、更优质的专门服务和产品。创业实训中实践性知识并不仅在于专业知识的社会迁移能力，同时还包括专业创业的实践素养和技能。实践性知识的衔接，意味着要建立一体化的实践学习方案，将专业知识实践目标与专业创业目标整合起来，分阶段、分层次地促进学生学习。具体言之，首先要开展专业实习，让学生充分了解本专业知识的特点和社会需求状态，以及所在专业的社会分工，夯实学生专业知识实践能力。基于专业实践开展专业创业实训，有助于学生充分了解利用专业知识创业的可行性和必要性，也有助于提升学生专业创业技能学习的准确性，即学生更容易知道需要学习哪些与专业知识相关的创业知识和创业技能。专业实习和创业实训教学整合既要统筹教学方案，同时还需要协调教学活动安排及其相关制度设计，其中整合实践教学的评价机制至关重要。专业实习评价与专业创业实训评价要连贯，确立专业实习的基础地位和专业创业实训的延伸地位，在指标设计上，将专业创业评价作为一项重要内容纳入专业教育体系。

五、强化专业创业教育的案例教学

案例教学在高校教育中的应用，可追溯至 1870 年，当时哈佛大学法学院的兰德尔院长率先倡导此种教学方法。1908 年，哈佛大学商学院的创始人盖伊更是强调了案例教学的重要性，他主张教学应使教室与实际企业紧密相连，引导学生接受实务导向、问题解决的教学方式。每个企业实例都能成为学生的宝贵财富，为他们提供判断时的广泛基础。由此可见，案例教学自诞生之初，便旨在促进学生创业实践能力的提升。在“专创融合”的人才培养模式下，实践能力培养和实践性知识传授显得尤为重要。因此，传统的课堂教学方式亟需改革，以适应专业创业教育的独特性和内在规律。为了进一步提升专业创业教育的成效，需要不断开发相关的专业创业案例，建立和完善案例库，通过案例库促进学生更加客观和准确地认识专业创业的过程及技能需求。

（一）推进专业创业案例库建设

案例库是资源库，是创业教育开展的重要素材，它是学生创业经验来源的重要基础。相较传统创业教育案例库，专业创业案例库独具特色，其构建必须恪守三大原则。第一，基于专业的原则。专业创业教学案例区别于传统的创业教育案例，以往案例大都聚焦于商业创业、企业创建等目标、基于专业的创业将案例的采集和开发推向更广泛的领域，商业以外的创业逐渐受到重视。专业创业案例遴选要根据专业知识的特点而决定，案例更加具有组织性和个性，教学案例要照顾不同受教育者的兴趣和需求。来自不同专业的学生都对本专业密切相关的行业特别感兴趣，在这种情况下，选择案例时就要照顾到不同学生的基本专业特点。第二，基于本土化的原则。本土化的创业教育案例更容易被学生所理解和接受，身边的故事也具有更深刻的感染力。它们具有相同或相近的社会环境、政策环境和物质条件，因此，本土化的专业创业案例在根本上有利于提升创业教育的实效性。在案例的遴选上，不能一味地追求外国经典以及大人物和大公司，事实上，学生对那些发生在身边的实例更感兴趣，参与案例讨论的积极性更强。以本土化为原则，就近取材是案例库建设的重要方向。第三，基于实用性原则。专业创业的案例教学并不是对案例本身进行理论审视和剖析，而是激励学生创业行为，了解专业知识创业的逻辑和路径。有学者明确指出，目前在创业教育中占优势地位的案例教学方法，如果强调理论分析，而不是自觉决策和创造性的实验，那么案例教学也是反创业模式的。专业创业教育教学案例要坚持实用性原则，所谓实用性有三重内涵：（1）教学案例应能切实提升学生的学习兴趣，并促使他们积极参与创业案例的讨论；（2）案例本身应具备实践指导性，能够为学生提供创新的思路；（3）专业创业案例的选择应便于学生学习，有助于满足他们在创业实践中的知识需求。

（二）创新专业创业案例教学理念

案例的价值在于：一方面，激发学生接受一连串的刺激，造成认知失调，引起学习动机；另一方面，经由对困境或问题的分析、思考、回答、讨论等互动，学习到经验。案例教学与传统的课堂讲授不同，更加注重学生的主体体验，学生参与的积极性及其思考的深度是学习效果的重要保证。因此，专业创业案例教学必须摒弃传统的知识传授理念，实现多方面的转变。首先，转变教师的主导身份，建立学生在教学过程中的主体地位。专业创业教育教师不再是单纯的知识传授者，而是教学活动的引导者和助推者，其职责在于激发学生对案例的深度思考，唤醒其创业意识。专业创业教师不再扮演知识权威角色，因为创业教育本身就要求不再固守某一特定模式和思路，要求不同知识之间互相碰撞形成创业灵感。其次，转变创业教育观。尽管我国创业教育的实施源于日益增加的就业压力，然而专业创业的开展并不是瞄准这一目标，而是以提升学生创业素养和创业能力为目标。功利性的创业价值使得创业教育集中于少数精英，具有小众化的特点，与专业教育脱节。专业创业主要面向大多数学生，在实践中不可能做到所有学生毕业即创业，专业创业所要做的是促进学生未来职业生涯创业成功。专业创业教育的案例教学要着眼长远，将职业生涯中个体的创业作为教学重点，而不是将毕业生创业作为重点。最后，建立与案例教学相配套的其他实践教学内容体系。诚然，案例教学在创业教育中具有无可替代的价值和功能，对学生创业意识和创业兴趣的形成有重要意义，然而，案例教学并不是万能的，创业中所需要的创造性、冒险精神以及创业机会识别等难以通过案例教学实现，因此，有必要将案例教学向课堂之外延伸，如组织学生深入创业企业或其他创业组织调研，将案例中的情境更加直观呈现给学生。同时，通过采取激励措施，吸引案例中的实际参与者加入教学活动，进一步提升案例教学的实效性。

第四节　高校“专创融合”教育的评价体系变革

在我国创业教育发展时间短，国家、政府和社会均未建立与之相适应的方法体系，专业创业教育作为一种新生的教育形态仍然处于探索阶段。科学的评价体系是实现专业创业教育发展的重要保障，通过专业创业教育评价可以掌握我国专业创业教育的现状以及实践中存在的困境和难题。与传统专业教育评价相比，专业创业教育的评价体系需要在三个方面进行变革。

一、改革评价模式，建立多元创业成果评价体系

与专业教育相比，专业创业教育形式，能力要求等更加多元，因此不能固守传统评价方式。2015 年，国家明确提出“实施弹性学制，放宽学生修业年限，允许调整学业进程、保留学籍休学创新创业”，《关于深化高等学校创新创业教育改革的实施意见（2015）》政策的出台在根本上为青年学生创业解决了后顾之忧，学程管理的灵活化将在有助于学习成果的多样化，鼓励学生利用专业知识投身各类创业，毋庸置疑，这在根本上促进了创业成果的丰富。然而，不同类型、形态的创业成果如何认定，其标准是什么？仍然没有制度化的回答。我国高校学生创业活动均在第二课堂开展，创业实践较少纳入学分管理，大量创业成果并不能转换为相应学分进入学生的学业成果体系。传统认定形式限制了专业创业人才的培养，其创业成果无法认定成学分导致创业热情降低，另外，没有纳入正规渠道的创业活动容易被视为“不务正业”。因此，要改革传统成果认定形式，建立多元化认可机制。

（1）将学生课外专业创业活动视为专业创业成果，纳入创业学分管理。课外创业是专业知识应用的进一步拓展和延伸，有助于专业知识巩固和创业能力形塑。课外创

业成果的认定内容是创业计划和创业实践报告，其标准在于学生对专业创业知识和创业技能的掌握，无论创业是否成功均应该获得相应创业学分和成绩。(2) 建立相应的成果认定保障——学分的积累与转换机制。学分是学生学习量和学习效果评价的制度化表达，在完成特定科目或课程学习后赋予。学分是学位获得的重要机制，只有修满学分才能获得相应的学位。基于上述对创业活动的认可，有必要创新学分管理形式，将学生在学期间参与创业所获得的各类成果通过学分认可与转换进入个人学习成果体系，成为获得学位的重要基础。具体来说，建立学生创业档案和创业成绩单，全面系统记录和量化评价学生创业情况，例如，专业资格证书的获得、专业学术研究成果、专业类专利获得以及参与校内外课题项目等均可折算成相应的创业学分，通过学分的积累进而达到专业人才培养创业能力要求。

灵活的创业教育成果认定不仅可以激发学生投身创业的热情，更重要的是储备了大量创业人才，未来的职业生涯中学生将转变为具有竞争力的创业者，为社会发展创造动力。为了更好地激励大学生创业，还可以基于成果认定创业学生学业奖学金，建立专门的创新创业奖学金，从而促进学生创业教育纳入人才培养体系。

二、优化人才培养质量标准，创新学位授予机制

人才培养质量结构亦即人才培养的规格和要求，本质上就是人才的知识与能力构成。专业人才和创业人才培养具有不同的质量结构，专业人才培养目标是专业知识的掌握，以及相应的专业情感、专业意识与专业行动能力，当然，不同层次的专业人才又有着不同的标准。“专创融合”意味着人才培养质量结构的改变，大学生不仅具有专业身份，同时也要具备专业创业能力。这种新的人才要求与传统的学位授予标准存在不一致，人才学位获得的规范要求中尚未纳入创业因素。对此，有必要改革和创新传统学位授予标准，建立具有创业要素的标准体系。

学位标准也即学位授予条件，是人才培养质量的底线要求，观照和引导高校教育教学工作的开展与实施，传统专业教育学位标准并不包含专业知识分子创业能力的考察。从国家层面来看，现行学位条例并未建立与创业教育的紧密联系。条例对本科学士学位的要求主要是掌握本门学科的基础理论、专门知识和基本技能，具备初步的科研能力等；对硕士学位的要求主要是在本门学科上掌握坚实的基础理论和系统的专门知识，具有从事科学研究工作或独立担负专门技术工作的能力；而从博士学位获得标准看，其要求主要是在本门学科上掌握坚实宽广的基础理论和系统深入的专门知识，具有独立从事科学研究工作的能力以及在科学或专门技术上做出创造性的成果。不难

看出，我国学位条例作为专业人才培养质量重要规范性文件并未将创业教育纳入其中，其规格要求并不包括学生的创业能力。这一窘境与高校专业创业人才培养的理想愿景存在客观差异，作为出口制度，学位授予标准规定了人才质量的底线，创业能力的缺位显然不利于高校推动创业教育与专业教育融合发展。

为了更好地促进创业教育与专业教育融合，本书认为需要从三个方面创新。(1)推进创业能力培养与职业院校文凭授予相结合。《关于加强高职高专教育人才培养工作的意见》重点强调学生对基础理论和专门知识的掌握，以及从事本专业领域实际工作的基本能力和基本技能，在人才规格上并没有重视创业素养和能力，可见推进专科高职院校文凭授予条件改革具有实践必要性。具体来说，就是要在文凭授予标准中将技能掌握及技能创业能力作为重要衡量标准，丰富传统职业人才培养内涵。(2)推进创业能力培养与普通高校学士学位、硕士学位以及博士学位授予标准结合。明确创业素养的基础地位，建立符合不同层次要求的递进式标准体系。例如，在本科学士学位授予标准上，不仅要考量其专业知识和基本技能的掌握，同时要考察其基于专业知识的创业能力水平；在博士学位授予上，明确学术创业能力培养的重要地位。总体审视，我国高校创业要素进入学位授予标准存在差异，大多数学校未进行此类改革，令人欣慰的是少数学校已开始明确将专业创业能力纳入学位授予条件。例如，烟台大学将该校硕士学位授予标准分为六个方面，即获取知识能力、科学研究能力、实践能力、学术交流能力、创新创业能力和其他能力，其中创新创业能力重在创新。北京航空航天大学在《深化创新创业教育改革实施方案》中提出，探索建立以国家战略需求为导向的人才选拔机制，改革学位授予模式，促进人才培养与经济社会发展、创业就业需求紧密对接。除此以外，从学位授予类型来看，创业技能和素养不仅要成为学术型学位的授予标准，同时更要成为同样强调实践性知识的专业学位授予标准。专业学位人才的培养面向生产实践，其学位候选人甚至包括一部分创业者，即一边创业一边接受专业学位教育者。专业学位授予条件上将创业能力纳入其中具有必要性和合理性。

三、优化评价主体构成，建立内外协同的评价机制

专业教育评价重在学生高深专业知识掌握和学习、创新和应用，专业创业教育就是要形塑推动这种专业知识迁移，通过与社会生产系统中其他要素耦合共生形成公共产品或服务的能力。专业创业人才培养其利益相关者并不只是学校和学生，从人才未来发展看社会和国家是最大的利益攸关方，专业创业人才的培养最终要服务于社会和国家的发展。因此，培养什么样的人才不仅学校内部要有规范设计，社会系统也应该

有效参与，提升其社会适应性。在人才评价上，我们要建立内、外协同各有分工的评价机制。

内部评价是以学院为核心的校内评估机制，校内评估力量主要集中于两个方面：（1）专业学院。一般而言，不同的学院建立于相应的学科门类之上，学院作为评估主体有助于把握本门学科的知识特点和专业创业属性。学院作为评价主体与学校主体相比具有信息优势，一方面对人才培养过程和专业创业人才的质量规格标准有着更清晰的把握，同时对创业人才的成长进程有着更全面的认识，学院作为评价主体具有合理性和必要性。与校外主体相比，校内主体对创业理论素养的评价更具有优势，所谓理论素养即对创业原理、创业基本规律和价值等的认识，这种理论素养是创业者个体毕业后创业能力提升的重要基础。（2）学校创业教育学院或专门组织。高校创业教育的推行不仅在学院层面开展，同时也要依赖学校广谱式创业教育机构以及其他专门为开展创业教育而设立的组织，如当前我国众多高校建立创业学院或创业教育学院。创业教育学院负责全校创业教育基础课程教学、负责全校创业计划大赛、创业项目评审和跨学科创业项目指导。学校创业教育机构作为校内专门的创业教育实施组织其参与重点在于评价学生专业创业的基础能力和实践能力，具有综合性。总体来说，校内专业创业教育评价将建立“（专业）学院+创业学院”评估主体格局。

完全由校内评价并不科学，对于学生创业学习具体成效及其创业实践能力的判断需要外部主体的参与。首先，对创业成果进行考察。专业创业人才培养的质量评价主要集中于创业者对社会经济发展的促进以及对行业、企业创新发展的贡献，侧重于创业组织对行业、产业以及社会公共利益的增进。宏观评价有利于总体把握专业创业者所创之业在整个行业系统中的发展状态及其竞争力，行业组织或社会公共机构按照本行业或相似组织发展标准以及要素配置等整体审视创业机构，对于把握组织的生存能力和发展能力有着重要意义。其次，对创业个体知识技能进行评估。外部主体对创业学生评价要按照实践的标准，即结合本行业、本领域创业人才实践素养和技能对其专业创业能力进行评价。一方面，制定相应指标体系，开展静态评估。其核心指标必须包括专业创业意识、专业创业机会识别、组织能力、交往能力、学习能力、独立思考能力、冒险精神等，相关指标应该包括人脉资源、融资能力、毅力等，从实践中必需的能力素养着手，全面评价其创业实战水平。另一方面，通过对学生创业设计过程进行评价，了解其创业知识掌握程度。对学生创业组织、创业产品或服务开发的直接感知，有助于深度评价专业创业情况。最后，对学校组织进行评价。学校组织是创业教育活动开展和实施的主体，校外同行评价将致力于高校专业创业人才培养目标的构建、培养方案及其培养保障条件的考核，全面评估高校特定专业创业人才培养的水平，通过对高校的评估从而优化其人才培养机制，提升专业创业人才培养水平。

通过以上对专业创业教育评价维度的分析发现，外部评价实施主要包括三个方面的主体。第一，社会系统中的专业创业组织。社会生产系统中的创业组织参与大学生专业创业能力评价在本质上可视为同行评价，其优点在于评价由具有创业经验的专家把关，考核会更加客观和准确，此外，创业实践专家的参与，其评价意见和反馈客观上有助于创业专家与创业新手之间形成交流，无形中提升创业能力。第二，成熟运行的与专业知识匹配的行业机构。成熟型的创业组织或行业机构是创业者学习的重要对象，组织的运行机理、运行机制以及运行过程中所需要的专业知识和基本技能等可以为创业人才培养提供重要参照，而成熟型企业的创建者或负责人的评价意见对于创业青年来说具有重要的参考价值。第三，政府行政机构。政府参与创业人才培养集中于对创业人才与国家需求之间的吻合度进行把关，从国家人才需求结构出发，审视某类创业人才的宏观专业结构与微观质量结构。与此同时，政府参与有利于让创业行为更加符合相关法制法规和政策体系，一定程度上也有利于宣传国家创业教育政策，营造创业教育氛围。

本书认为，创业人才的评价将基于内部评价和外部评价两个方面，围绕特定学科专业的创业人才培养构建相应和专门的评价队伍。在专业创业理论以及人才培养机制上重点发挥内部评价功能，而在实践能力上重点推动外部主体的参与，最终形成内外共同参与、保障有力的评价体系。

第五节　高校“专创融合”教育的师资队伍构建

目前，我国高校创业教育师资队伍面临规模不足、结构失衡以及知识体系尚不完善的诸多挑战。这种师资力量的薄弱已经影响到创业教育从规模发展向内涵发展转变的进程。特别是在专业创业教育的维度上，师资队伍构建仍然处于起步阶段，具体到专业领域的创业师资缺位严重，这从深层次上阻碍了创业教育与专业教育的有效融合。基于这种现状，我们需要从高层次创业人才培养、专业教师创业能力提升以及校外专业创业精英引入等三个方面着手，初步构建起我国专业创业教师队伍。

一、推进创业教育学科化发展

学科本身是一种学术秩序，规定着知识生产的方向、标准和质量，体现了知识的制度化水平。创业教育学科化发展意在进一步凝练创业教育研究成果，满足社会和国家对创业人才的需求，以制度化的形式为专业创业师资队伍构建提供长效机制。创业教育学科化发展基于当前我国创新创业教育现实需求而开展，具有广泛的实践基础，在深层次上提升专业创业教师的专业化水平。

（一）明确学科化方向与目标

学科从最初的知识分类制度走向日益复杂的知识生产与实践体系形塑机制，其规训功能不断强化。基于某类知识体系形成的学科价值模式日益成为学科发展的深层力量，学科化意味着学科的科学化进程，从非学科到学科内蕴着研究领域的固化、研究方法、价值理念的渐趋成型。一般而言，从非学科演变成学科需要经历三个阶段。（1）探索期。这一时期学科的内涵并不明确，同时也不稳定，然而，由于社会市场和国家的需求，这类学科一直处于调整和孵化的阶段，并最终成为备选学科领域。（2）凝练期。孵化后的学科领域经过试验、评价、筛选和提炼，最终成为准学科形态，成为新兴学科。（3）成熟期。新兴学科领域相对完善，同时具有推广价值。以上三个阶段是学科演化的必经阶段，我国高校创业教育学科化历程无疑已经进入第二阶段，研究成果在不断经过社会和市场检验，同时也开始了初步的学科凝练，并逐步完善。

创业教育学科化需要从三个方面推进。首先，构建共同的价值基础，在一种主导价值模式下开展创业教育理论与实践研究。创业教育具有专业教育的价值意涵，即培养社会主义建设者和接班人，为人的全面自由发展而开展。创业教育的价值应该奠基于此，但同时也要进行理念创新，紧扣自身教育功能和使命，结合创业教育的独特性及其对社会、对个体、对国家的价值进行提炼，为学科建设提供意义。只有创业教育在本质论、目的论和价值论方面实现了高度认同，才会走出“自己出题目，自己封闭做研究，自己欣赏自己成果”的自娱自乐的窘迫处境。其次，厘清学科边界及主体领域，即明确本学科的知识范畴及其问题对象。创业教育的知识范畴既包括对内在本体内涵、体系、特征等的深入探索，同时，从外部来看，也包括创业教育的社会需求、对象、生态系统及其动力要素等，整体探索创业教育的内外部关系原理及其规律。最后，构建专门化的人才培养平台和相应的人才培养模式。创业教育研究作为教育科学研究的重要分支，共同服务于人才的培养。学科人才培养必然基于相应的人才培养组织以及独特的人才培养机制。平台和人才是学科发展的两大支柱，二者相辅相成。优质的平台能够吸引并汇聚人才，而人才的聚集又将进一步推动平台的建设与发展，形成良性循环。

（二）学科化对师资队伍构建的促进作用

创业教育学科化发展，将为专业创业教师队伍构建提供后续动力。学科化的创业学人才培养将有效缓解高校创业教育师资压力，扩大创业教育师资规模，优化创业教育师资结构，提高创业教育师资质量，在根本上为专业创业教师的培养奠定了基础。首先，基于创业教育学科，招收某一专业的青年教师或青年学生进行专门化的创业教育训练，培养高层次专门化创业学研究生，通过相应学位项目的设置，最终培养出“专创融合”的优质教师。青年教师或青年学生本身具有专门化、系统化的专业知识，但缺少基于这种专门知识进行创业的意识或技能，而创业教育学位项目的构建将在一定程度上推动其成为这一专业领域的创业理论或行动专家，以专门的学科力量支撑普及化、专业化的创业教育。美国高校从 20 世纪 90 年代开始注重培养创业学博士，以满足专业化的创业师资要求。1997 年，全球共有 5 个机构提供创业博士项目，如宾夕法尼亚大学的沃顿商学院以及佐治亚大学。在我国，浙江大学和清华大学等高校已率先开展创业学博士研究生培养。美国注重将创业教育纳入正式发展轨道，建立了创业学学科，开展了创业学的专业教育，设置创业学硕士和博士学位，而大批经过系统培训的创业学硕士、博士是美国创业教育处于世界领先地位的重要原因。其次，创业教育学科构建，有利于吸引高层次创业人才进入专业系科，成为专业创业教师。创业教育学科构建为培养专门化、高层次创业人才奠定了基础。通过系统的创业理论学习和实践训练，创业学学位的获得者既可以是广谱式创业教育的教师，同时也可以通过自我反思与研究成为专业创业教师。在我国，创业教育师资队伍严重缺乏，而创业学学科的建立，为创业人才的培养提供了有力支撑。创业人才的培养直接为高校广谱式课程教学提供了师资力量，与此同时，这种具有创业本领的毕业生可以进入专业系科，通过开展行动研究，不断了解和反思专业知识特点，提升自身专业创业能力，也可以融入专业创业师资队伍，从创业专家转型为专业创业专家，为专业学生的创业教育提供有效教学服务。

无论是通过培养青年教师或学生，还是吸引高层次创业人才，专业创业师资的培养途径均依赖创业教育学科的建立。只有构建专门的创业教育学，才能为师资队伍的优化提供长效保障，推动创业教育事业的持续健康发展。

二、建立专业教师校外顶岗制度

高校专业创业教师的供给是一项十分艰巨的任务，其难度在于该类型教师不仅要具备创业知识，同时还要具有相应的高深专业知识。除上述通过创业教育学科构建形式培养创业学高层次人才(如创业学硕士或创业学博士)外，还要鼓励专业教师走出课堂、走出校门进入专业创业组织中，直观感知创业过程中的具体情境与问题，形塑专业创业能力，为专业创业教学奠定基础。

（一）创新教师管理机制，鼓励专业教师进入校外组织顶岗实训

客观上，让专业教师到创业组织或企业机构进行创业实训，了解创业程序和创业技能需求，有助于提升其专业创业认知水平。在实践中，由于许多教师对于放弃既有专业转向专职创业教育存在顾虑，导致了一种尴尬的现象：“一群最为保守的教授，却肩负着培养学生创新与创业的重任”。面对这一困境，制度创新显得尤为重要。一方面，应建立健全激励机制，为专业教师参与创业实训提供强有力的动力。通过提供专业的培训和自我学习机会，引导教师逐步融入创业教师队伍，并在其转型过程中给予充分的支持。例如，可以确保教师在顶岗实训期间的待遇优于同期专业师资，为他们提供专业成长所需的资源支持，同时在职称评定上开辟特殊通道，建立专门的评审机制，以认可其在创业教育领域的贡献。另一方面，还应着力提升专业创业教育的地位，使其正式纳入主流教育体系。这需要通过广泛宣传创业教育的价值，消除人们对创业教育的误解和偏见，从而营造出一个积极支持创业教育的氛围。同时，应将创业教育师资纳入专业师资队伍的统一管理中，确保其在教育体系内享有平等的地位和待遇。

（二）构建专业教师校外组织实训的灵活机制

为深化我国创业教育的内涵发展，专业教师进入校外组织进行实训，进而提升其专业创业认知水平和创业教学能力，已成为一项至关重要的举措。总体上，专业教师可以选择两类组织进行实训，即创业类组织和成熟型企事业机构。通过深入这两类组织，教师不仅能了解创业组织在创业过程中各环节对创业知识的具体需求，还能洞察成熟型企事业机构的运行特点及机制。从创业组织的角度来看，高校可以派遣专业教师进行顶岗实训和挂职，使他们深度参与创业过程。这不仅能为教学提供生动的案例，增强创业知识供给的针对性和实效性，对于教师个体而言，顶岗实训更是专业创业教师专业发展的重要一环，有助于他们提升创业教学能力。同时，对于创业组织而言，这种合作也能使其获得专业知识分子的临床指导，进而推动组织的健康发展。从成熟型企业或公共机构实训的角度来看，其意义深远。这些组织运行成熟，能够为创业教

师提供从更高层面审视专业创业知识与技能结构的机会。通过深入反思和实践，教师可以进一步提升自身的创业教育水平。以美国为例，高校为了提升教师的创业教学能力，积极鼓励他们参与创业活动或挂职创业组织。例如，斯坦福大学的许多教授通过为创业企业提供咨询服务、担任创业企业董事等方式，获得了专业创业能力的提升机会。当然，针对不同性质的专业以及不同模式的创业，实训组织的选择也会有所差异。例如，组织创建类的创业实训与岗位创业的实训，对专业教师的实践能力要求便有所不同。因此，在构建这一灵活机制时，需要充分考虑各种因素，确保实训活动能够真正发挥其应有的作用。

三、建立基于专业差异的校外导师队伍

专业创业师资队伍的构建，既需“走出去”以汲取实践智慧，又应“引进来”以融合社会资源。创业教育作为一种实践性极强且充满创造性的教育形式，仅凭传统的课堂教学和校内教师的培养，难以全面满足学生对创业知识的渴求。因此，在师资的构成与来源上，引入校外资源显得尤为关键。那些在社会系统中取得成功或具备丰富创业经验的创业者，完全可以按照专业分类，融入不同系科，成为专业创业教师队伍中的有生力量。这样不仅丰富了师资结构，更为学生提供了更贴近实际的创业教育体验，从而有效地促进“专创融合”教育的深入发展。

（一）优化校外导师的结构

审视当前我国高校创业教育师资现状，构建校外创业导师队伍无疑是短期内提升创业教育水平的重要途径。校外导师队伍，顾名思义，源自学校组织之外，涵盖社会、市场和公共机构的众多创业者，他们均具备潜力成为大学生的创业指导者。首先，专业结构需合理。高校应依据自身的专业布局和各专业创业教育的发展实际，遴选具备专业创业背景的创业人士。这些校外导师最终将融入相应的专业系科，扮演专业创业教师的角色。因此，在宏观层面，我们必须审慎把握校外创业导师的专业结构，按照专业的标准、创业的标准以及学校各专业创业教师的需求进行遴选。导师的专业结构应与学校的专业结构以及学生的专业规模结构相契合。在遴选过程中，应由专业院系和校内创业教育专家共同组成考核评价团队，对校外创业导师的创业内容、创业成果及其与专业知识的内在联系进行深入评估，同时考察其参与教学的可能性及意愿，确保选拔出的导师既具备创业能力，又拥有强烈的创业教学意愿和专业身份。其次，性别结构也需平衡。创业虽不分性别，但性别客观上会影响创业的类型和创业机会的选

择。因此，在选择校外导师时，性别因素不容忽视。自20世纪70年代起，学术界便对女性创业领域展开了深入研究，如施蕾儿的《女性创业家：一个超前研究》和舒尔茨的《创业：一个新的女性前沿》等著作，为女性创业研究奠定了基石。以往研究显示，女性创业与男性相比存在显著差异。例如，女性在创业融资上常遭遇性别歧视，在创业领域上，女性所创办的企业多倾向于服务业，如零售、顾问咨询、公关广告等。因此，高校在挑选校外创业导师时，有必要在专业的基础上考虑性别因素，确保专业创业教师队伍中男女比例均衡。最后，年龄结构也需得当。高校专业创业教育的受众主要是大学生，校外导师队伍的构建旨在促进和丰富大学生的创业经验。青年人具有相似的兴趣、相近的理想以及较为接近的身心特点，这些因素内在地影响着青年群体的创业意识、创业理想以及创业机会的识别。因此，校外导师的年龄结构应在一定程度上关照大学生的特点，积极吸收青年创业精英加入导师队伍，发挥同辈群体的优势。简而言之，校外导师结构上既应有同辈创业经验的指导，又应有高瞻远瞩、全面深入的精英引领。

（二）构建与校外导师身份相契合的参与机制

校外导师与校内专业师资相比，其灵活性与动态性尤为突出，而校内师资则以其稳定性、深厚的教育教学能力以及系统的教学方法见长。因此，在引入校外导师参与专业创业教育教学时，必须制定一套符合其身份特点的参与机制，以确保专业创业教学的有效性，同时保障校外导师的合法权益。具体而言，校外导师的参与应首先聚焦课程开发与教学设计。课程与教学作为人才培养的基石，校外导师的积极参与是发挥其人才培养职能的关键所在。一方面，校外创业导师应深度参与专业创业教材的开发工作。鉴于校内导师往往更侧重于专业创业理论知识的传授，而实践性知识相对不足，校外创业专家需对教材编写内容的科学性、准确性和可行性进行严格把关，全面展示专业创业过程中的技能与潜在风险，以提升学生的专业创业认知。另一方面，校外导师还应积极参与学生活动课程的教学，深入创业实践教学过程，引领学生开展创业行动，并在实践中不断反思自身的创业行为，与校内专业师资形成互补，共同完善学生的创业能力。此外，校外导师还应积极参与各级各类创业计划大赛的指导工作。创业大赛是国家和政府为了提升青年大学生创业水平，营造大学生创业氛围的重要手段，当前我国高校创新创业项目已经成为创业教育的重要组成部分。然而，值得注意的是，在创业项目上给学生提供创业指导的专家大多来自学校就业部门、团委和思想政治教育方向教师，未来，我们不仅需要专业的校内创业师资队伍，同时，也要积极推动校外行业创业专家参与创业计划大赛，优化教师指导团队，根据项目的专业知识背景提供相应的专业创业校外导师。最后，校外导师在青年学生创业教育成效评价中的参与同样不可或缺。校外创业专家凭借丰富的创业实践经验，能够更客观、准确地评估学生的创业能力，对其专业知识转化为社会实践的能力有着更为深入的洞察。因此，在评价学生的创业教育成效时，应充分吸纳校外导师的意见，形成校内外专家共同参与的多元评价体系。

（三）建立校外导师参与创业教育的激励补偿机制

校外导师参与校内人才培养，本质上形成了育人共同体。这一共同体的稳固与运行，依赖共同的利益和价值取向。当利益分配失衡或无法共享时，共同体将面临瓦解的风险。因此，为促使校外导师更有效地融入高校创业师资队伍，构建相应的利益补偿机制显得尤为重要。这既涉及对校外导师职责的明确，也需保障其合法权益不受侵犯。从政府层面来看，建立和完善相关法规与政策势在必行。这些法规与政策旨在为参与高校创业人才培养的传统企业组织或新生创业组织提供利益保障。社会组织和机构本身并无参与高校人才培养的法定义务，确保其长效、有效参与需依赖政策的引领与激励。目前，国内外高校多借助校友资源，如我国香港地区的香港中文大学就建立了“创业学长计划”，学校选择“有相当社会历练，在各自领域卓然有成”的校友作为在校生的学长，过去有 1400 多位学生得到校友学长的关怀指导。需要指出的是，这种通过校友的帮助大多出于自愿原则，校友参与创业指导也并不深入，为了更加系统而有力度地参与创业教育，必须基于国家相关政策前提下。如出台校外导师所在创业组织相应的政策优惠(如贷款优惠)和利益补偿，给予校外导师相应的身份或物质奖励，提供相应的资助等。从高校角度出发，一方面，应为校外导师创造有利的创业环境，确保教学活动的顺利进行；另一方面，需创新教师职称评审机制，设立专门化的专技评审通道，为有志于长期从事创业教育的师资搭建更宽广的平台，并提供相应的培训和提升机会。在审视高校专业创业教育时，高校可积极整合校外教学资源，将专业创业导师的遴选与创业实践实训平台紧密结合。换言之，校外导师可来自校外创业实训基地，通过此种方式建立更稳固的合作关系，实现资源共享与优势互补。

第六节　高校“专创融合”教育的支持体系构建

在我国，创业教育的发展历程尚显短暂，国家、政府以及社会各方尚未构建与之相匹配的方法体系。专业创业教育作为一种新兴的教育形态，目前仍处于摸索与试错的阶段。而一套科学的评价体系，对于推动专业创业教育的发展而言，无疑起到了至关重要的保障作用。通过专业创业教育的评价，我们能够深刻洞悉专业创业教育的当前状态，以及在实践中所面临的困难与挑战。相较传统专业教育的评价体系，专业创业教育的评价体系需要在以下三个方面进行深刻的变革。

一、加大政府支持，为“专创融合”发展提供政策保障

1999 年《面向 21 世纪教育振兴行动计划》明确提出要创造条件在高校周围，特别是高校集中的地区建立高新技术产业化基地，加强对教师和学生的创业教育，鼓励他们自主创办高新技术企业，这是我国政府首次正式回应创业教育，标志着创业教育正式纳入国家发展战略的考量中。1999 年至今，国家关于创业教育的政策体系不断完善，政策制定日益专门化、政策安排不断科学化，为我国创业教育从无到有的发展奠定了坚实基础，然而，总体审视政府关于高校创业教育政策结构，本书认为，仍然需要夯实和强化以下三个方面。

（一）完善高校技术转移相关政策

高校技术转移是指“创意、技术等在高等教育机构、商业部门以及公共部门之间的流动”，从创业教育而言，就是要促进学生将科技创新成果转化为商业产品与公共服务，政府要建立和完善相关政策，一方面，保障技术转移的法制化，确保转移过程中，学生主体的合法权益以及产业机构的责任和权利；另一方面，激发创新成果转化的积极性，释放创新活力。首先，建立促进高校学生专业创业的技术转移组织。高校创新成果需通过有效的商业化或社会化途径，转化为推动社会进步的生产力或公共服务。因此，专门的组织架构是推动技术转移的重要驱动力。区域性政府技术转移机构或高校技术转移办公室在推动专业知识创业方面发挥着关键作用，它们为高校技术转移和产业化提供了系统的支撑体系，减少了转化过程中的冗余环节和成果损耗。技术转移机构的建立与专业创业教育的发展相辅相成，专业创业的本质即专业知识创业，

特别是研究生阶段科技创新成果的丰硕产出，使得促进大学生专业技术转移与产业化的机构成为推动创业的重要中介机构。

其次，构建产学研一体化的创业教育机制。产学研一体化模式的构建超越了学校的职能范畴，需要政府协调产业界和高校之间的关系，建立联动机制，以促进学生专业创业能力的提升。一方面，产学研一体化背景下的创业人才培养有助于学生更加了解社会市场需求，培养出适应社会需求的创业人才，另一方面，产学研一体化也有助于创新成果的社会适应性，提升成果转化成功的可能性。产学研一体化的重要价值不仅是为学生创业能力培养提供资源保障，同时，产学研一体化的创业教育机制将有效促进学生创新成果产业化，通过成熟的产业化模式助推学生更加高效地促进创新成果进入社会产业体系。此外，进一步完善大学科技园政策。大学科技园建立初衷在于促进高校高新技术成果转化，其主要使命即是科技创业。国家大学科技园是高校科技成果转化与产业化的重要通道，主要功能是充分利用高校的人才、学科和技术优势，孵化科技型中小企业，加速高校科技成果的转化与产业化，开展创业实践活动，培育高层次的技术、经营和管理人才。通过大学科技园，可以实现高校学生专业技术成果与产业界的深度融合，进而顺利实现产业化。从创业教育发展来看，科技园区政策需要进行两个方面的改革：（1）政府应加强有关科技园区大学生创业公共政策服务，将科技园区打造成大学组织内科研人员创新成果的孵化基地和学生创业创新成果的商业化中心，充分发挥科技园区的创业教育功能。（2）应更加紧密地联结科技园区与专业创业，政府要加大入园学生创业支持力度，对学生入园创业提供同等或更加优惠的金融政策、税收政策等，加强学生创业成果知识产权的保护。

（二）完善相关教育法规和政策体系

教育法规和政策体系作为人才培养的制度基石，其科学性直接关系到人才培养的效率与成果。从创业教育的法规和政策体系构建来看，政策安排滞后于创业教育实践开展，其对创业教育发展的阻滞力日渐凸显，完善相关教育法规和政策体系显得尤为迫切。首先，需要明确创业教育在教育法规与政策中的地位。创业教育作为大学人才培养的新使命，是我国创新型社会发展以及国家竞争力提升的内在诉求，当前取得了重大成就，然而需要指出的是，创业的法律地位并未在教育法律体系中明确。为了保证高校创业教育发展具有长效性，本书认为有必要推动创业教育法制化：（1）应推动创业教育纳入《教育法》，在法律框架内明确创业教育在国民教育体系中的重要价值和实施路径，让创业教育在学校教育中落地生根，为其提供基本的法制保障。（2）应促进专业创业教育进入《高等教育法》，以法律形式明确高等院校在创业教育人才培养方面的职责，并明确高校在不同层次专业教育中开展创业教育的目标和运行机制。（3）应推动创业教育进入其他相关法律，如在《职业教育法》中明确职业教育与创业教育的关系，厘清专业教育中开展创业素养和能力培养的重要价值和使命。其次，需要改革相关人才培养政策和规范。作为高校办学的重要指导文件，《学位条例》对人才培养的方案、路径以及具体规格和类型等进行了规定，对高校人才培养过程以及学科建设产生了深层次的价值引导作用，是当前高校办学的重要宗旨所在。推动创业技能和创业素养进入专业人才培养及其质量规格体系中，是我国高校专业人才培养改革，以及创新人才培养的重要内涵。在未来的《学位法》构建中，应明确专业人才学位授予标准中创业意涵的体现，以此作为推动专业教育与创业教育有效融合的重要驱动力。通过明确创业素养和能力在学位授予标准中的地位，可以引导高校在人才培养过程中更加注重学生创业精神和创业能力的培养，从而培养出更多具有创新精神和创业能力的高素质人才。

（三）推动高校与社会协同发展

高校创业教育与社会系统之间存在紧密的依存关系，两者相辅相成、相互支持，共同构成了协同发展的坚实基础。为了实现高校创业教育与社会发展的协同，必须紧紧围绕人才培养这一核心目标，建立社会与高校创业教育之间的有效互动机制。因此，政府需从以下三个方面着手推进协同体系的构建。

第一，推动创业教育规模、结构与区域需求结合。创业人才培养构成要紧密结合区域社会发展实际，既要在总体规模上满足区域社会创新发展需求，同时也要优化其内部规模结构，如不同专业领域的创业规模、不同创业方向的规模等，确保创业人才培养的规模结构与区域经济发展、事业发展结构相契合。通过精准对接区域需求，可以有效提升创业教育的针对性和实效性，为区域社会提供更多符合实际需求的高素质创业人才。第二，推动创业人才培养规格、质量与区域需求结合。培养具有区域社会特点与实践知识特性的创业人才是地方高校创业教育的重要目标，不同区域的产业结构，事业机构等均具有差异性，如依托山地经济进行的创业实践与依托海洋经济创业对人才技能特点、创业素养要求必然相异。在创业教育过程中，我们要科学建立创业人才培养的课程体系、实践实训机制，通过微观课程目标、实践教学目标等的调整，进而优化创业人才培养的规格目标。第三，推动创业教育纳入区域社会发展规划。创业的核心即是创新，创新驱动发展就是要大力推进创业教育，培养更多高质量的创业人才。当前创新、创业已经成为各级政府的施政纲领。然而，其基础工程——创业人才培养并未纳入区域性发展规划。反观美国，各州政府已将创业教育纳入拨款项目中，区域经济评估总体框架中也包括高校创业人才培养状况。协同发展意即要将创业人才培养纳入区域发展目标，建立区域性创业人才培养规划，从而突出创业教育在区域社会发展中的地位，让社会不同主体更加关注创业人才培养。

二、加强社会支持，为“专创融合”发展构建外部保障体系

高校作为知识型社会组织，肩负着为地方社会培养高层次创新人才的重要使命，是引领和推动国家和区域社会发展的重要力量。高校和社会之间是相互促进的共生关系，创业教育的发展一方面服务于社会，同时也依赖社会提供的资源。为了更高效地培养出适应社会需求的创业人才，社会应提供多方面的支持，为高校创业教育的发展构建良好的社会生态系统。

（一）建立专业创业教育资源支持机制

专业创业教育资源支持，即要建立与专业创业相衔接和对应的资源供给路径，提供针对性的资源服务，一切有利于专业创业人才培养的社会资源都应该视为教育资源。从专业创业自身特点而言，我们需要在三个方面加强专业创业教育资源供给。首先，建立专业创业物质资源支持体系。创业教育的物质资源既包括传统的创业经费，同时也包括创业实习实训基地等空间场地资源。专业创业教育不能基于传统课堂，而要按照一定的模式结合行业、企业的现实背景开展，因此有着更强的场地和空间需求。社会组织和机构拥有大量空间、场地资源，推动这些或隶属政府或隶属市场主体的资源进入创业教育体系，发挥其要素价值具有重要意义。不仅如此，创业教育需要创业大学生不断接触市场和真实的创业环境，其资金需求也更为强烈，创业成本和创业过程中的风险成本等均要求大量的经费保障。支持体系的构建意味着不仅政府行政机构需要加大高校创业教育投入，同时也要鼓励社会主体加强创业教育资金支持，如来自企业或个人的风险投资，来自行业或产业的发展基金等。其次，建立专业创业教育师资培养支持体系。师资支持意味着社会系统中的产业主体、企业主体或公共机构要对专业创业教师培养提供支持。一方面，社会主体要开放资源，为教师创业教育教学能力提升提供平台，鼓励高校创业教育教师走向社会。美国斯坦福大学教授通过为创业企业提供咨询服务、担任创业企业董事，或直接兼任所在区域行业、企业部门顾问等方式获得创业经验，既帮助了企业发展，又深刻地理解了创业的真谛。另一方面，高

校专业创业教育要引进创业实战精英，优化创业教师队伍结构。高校要有针对性地从社会经济组织中吸引具有实践经验的企业家或管理者成为创业教师队伍一员，为专业创业教育提供师资资源。

（二）建立专业创业人才培养过程参与机制

社会发展与高校创业教育相互依存。社会参与高校创业人才培养过程，其实质即是基于社会资源、社会经济发展客观背景，构建适应社会需求的创业人才培养方案及其制度体系。培养过程参与，其内涵主要体现在两个方面。第一，与社会发展紧密结合的创业课程体系。课程是知识的制度化和秩序化，是人才培养的重要载体。高校要根据社会经济结构、产业特色以及文化、教育等现状，构建彼此适应的课程群和课程体系，加强创业教育教材体系建设。地方高校创业教育要紧密结合区域产业布局开展课程体系建构，建立创业教育的地方课程。第二，与创业实践紧密结合的教学过程。教学是课程的开展和实施，教学活动的组织同样要基于社会产业、行业或公共机构所提供的平台。创业教育过程中，个体机会识别与开发能力、组织能力、战略管理能力、风险控制能力等大都无法完全在传统课堂通过理论知识的学习获得，而是要通过大量的基于市场、社会组织背景的实训。社会参与教学本质上即是社会产业或行业机构创业专家通过案例讨论、短期讲学、创业论坛等形式参与人才培养过程，将自身丰富的创业技能和经验以课堂教学的形式传授给大学生创业者。

（三）建立社会参与的专业创业人才培养质量保障制度

专业创业人才培养最终均要走向社会生产系统，并接受社会主体的检验，因此，创业人才培养质量的最终把关者是社会中的行业、企业或公共机构。高质量的创业人才会推动行业发展，促进区域社会创新进步。社会力量参与专业创业人才质量保障，是提升和增强社会适应性的重要举措。我们要基于社会产业行业需求，优化创业理论知识结构，建立具有适应社会发展实践素养模型，同时，推动社会标准、行业标准、市场标准等融入创业人才评价体系。具体来说，要进行三个方面的改革：第一，以实践能力养成为质量评价核心。创业人才的根本是创业，而不是知识生产和理论创新。创业是一项实践性活动，其本质是专业知识的迁移和应用。实践性意味着创业者不仅要具有创业实践能力，能够根据愿景创造新的企业或组织形态，与此同时，这种实践能力在外部还表现为创业内容与区域经济社会发展需求的适应程度。第二，建立多元开放的主体结构。基于实践性的评价体系构建内在要求评价主体的多元化，创业人才培养质量保障既要依赖学校场域，同时更需要社会力量、市场力量和政府机构的参与，从不同维度全方位评价高校创业人才质量。与此同时，从专业创业人才特点来看，也内在要求外部评价主体的多元化。专业创业社会参与，意味着质量保障主体更加多元和开放，不同专业创业涉及具体的行业领域和产业形态，在这一意义上，外部质量保障的主体更加灵活。第三，质量标准区域化。高校创业人才的培养其主要特点即是满足区域需求，地方标准应该成为创业人才评价的重要依据。所谓地方标准是一个泛指的概念，简而言之，即是区域社会根据自身经济社会发展特点拟定的人才认可准则，与此同时，将这种准则融入创业人才培养体系和过程中，作为人才培养的重要依据。区域性标准纳入创业人才培养体系有助于提升人才培养成效，更好地促进创业人才融入区域发展。

三、加强宣传引导，为“专创融合”发展营造良好的文化生态

高校创业教育发展一方面得益于社会发展和国家机构运行对知识作用和价值的重视，创新成为社会进步的重要动力，另一方面也需要社会文化对创业教育这种新型教育形态的认知和认可。具体而言之，即社会利益相关主体和学生自身对创业教育政策、功能的正确认知，以及对其价值的认可。目前，国家不断采取强力政策推动高校创新创业教育开展，这体现了国家意志和创新驱动发展的诉求，然而，值得重视的传统文化价值对创业教育发展仍然存在阻力，人们对创业教育功能的认识仍然片面，对国家创业教育政策感知也并不全面，这些因素均深层阻碍了专业创业教育实施。因此，我们有必要从三个方面推进“专创融合”的软环境建设。

（一）加强政策宣传，提升创业教育政策感知度

政策宣传是政策感知与认识的前提，政策意图、政策内容等无不需要通过系统的政策阐释和宣传才能落实。为了服务高校学生创业，国家、地方政府和高校均不断推出促进大学生创业的激励和优惠政策，以及相应的培养规范。各级人民政府大量出台促进创新创业教育发展的文件，如《广东省人民政府关于大力推进大众创业万众创新的实施意见》中就明确提出，要构建大学生创业和科研人员创业的支持体系。高校也是创业教育政策制定的主要机构，对课程、教学和人才培养机制等均进行了体系化的构建。大量来自不同层次机构、不同业务部门的创业教育政策如何传递给青年学生，让大学生创业者明白政策意图和相应的支持体系。加强政策宣传，提升大学生和相关社会主体等对国家和学校创业教育政策的感知，是其支持创业教育，从事创业实践的

重要基础。基于此，我们要从两个方面开展创业教育政策宣传。从外部而言，国家要将高校创业教育政策文件通过行政路径传递给利益相关者，如企业机构、行业机构以及公共团体，增强外部主体参与高校创业教育的意识，明晰其权、责、利，引领创业教育的校地协同。同时，要有计划地通过新媒体或传统媒介，系统传播国家和地方创业教育支持政策以及相应的规约机制，增强群众对创业教育的了解，夯实群众基础。从内部而言，高校要加强国家创业教育政策校内宣传，将政府和高校创业教育政策内嵌于广谱式创业教育课程，作为学生创业知识学习的基础。

（二）引导树立全面的专业创业教育功能观

对创业教育功能的认识，关系到社会利益相关者参与创业教育的积极性与投入程度，关系到高校创业人才培养模式构建等重要内容。当前，创业教育功能认识存在偏误，狭隘的创业教育功能观阻碍了创业教育与专业教育的融合发展。我国提出高校创业教育，初衷在于通过创业活动推动就业，这一战略设计无疑具有前瞻性和实用性。然而，值得警惕的是，“以创促就”的理念在部分高校实践中被片面地解读为单纯提升就业率的手段。在这种误导下，一些高校盲目跟风，鼓励学生全员创业，甚至匆忙成立各种创业公司，这种短视行为忽视了创业教育的本质和长远价值。在传统功能认知的框架下，创业教育与专业教育往往相互割裂，创业人才的培养呈现出小众化、精英化的趋势。创业模式也主要局限于商业创业和企业创建。创业是少数人兴趣、爱好的体现，大多数学生并未接受系统的创业教育。毋庸置疑，创业教育客观上形塑了学生创业能力，但其目的并不是解决高校当前就业率，而是着眼于长远和学生未来职业生涯，为未来创业奠基。韦伯等在百森学院的研究也表明，企业创办者的平均年龄为 33～35 岁，大约在完成大学教育 10 年内创业，这也意味着毕业创业或以创业代替就业并不具有普遍意义。基于这种理解，有必要建立经由就业走向创业的大创业教育观，在新的创业教育功能认识下，面向未来，以学生专业创业能力培养为核心，建立商业创业、社会创业等多元灵活的模式架构，促进不同专业学生发挥自身专长。将创业教育功能从当下就业转移到促进未来就业，从少数人创业转向大众创业，从依赖经验创业转向依赖专业知识创业。

（三）转变传统重学轻术理念，推动创业型实用人才培养

梁启超在《学与术》一文中指出，“学也者，观察事物而发明其真理者也；术也者，取所发明之真理而致诸用者也”，重学轻术扎根于传统文化，内嵌于人们文化心理结

构中，体现了人们对事物本真的追求，而对于实践和应用则重视不够。专业教育中融入创业教育，在根本上冲击了传统重学轻术的教育思想，专业教育更加关注高深专业知识习得和生产，而创业教育则更加注重专业知识在市场和社会中的实践，强调的是创业知识应用的“术”。传统教育思想背景下，专业创业教育实施存在现实阻力。我们有必要采取措施，增强社会和学生个体在专业教育过程中提升创业实践技能的意识，在学问探究和高深知识生产的同时，关注知识的外部效用。首先，营造实用人才培养文化氛围，鼓励具有专业知识的青年投身创业。我国人才培养实用性较差，毕业生的社会满意度不高，究其原因，是专业人才的实践能力较弱。实用主义文化是高校创业教育取得成功的重要基础，一方面，有利于学生破除传统思想阻碍，以服务社会为目标；另一方面，有助于社会主体参与创业人才培养。其次，唤醒个体创业意识，扭转重学轻术的理解偏误，厘清专业和创业的辩证关系。专业创业教育过程中，要加强思想工作，让学生充分认识到创业的巨大个体价值和社会价值，培养其创业意识。最后，建立以实践为导向的人才培养机制，将专业知识的社会迁移和应用作为重要质量内涵，从培养目标、培养过程以及培养评价方面进行总体改革，引导青年学生成为实用性创业创新人才，让社会和青年学生不断重视“术”的价值，最终形成学、术并重，学为基础的教育价值观。

第五章　高校“专创融合”的教改实践

高等学校应该明确，创业教育必须与专业教育对接，融入课程体系，成为人才培养的一部分。以“深化创业教育”为指导思想，坚持不断探索创业教育的改革方向，努力建立具有特色并具备示范和辐射作用的创业教育品牌。这可以通过多种方式来实现，包括基础教育、通识课程、专业教育、项目训练等。通过采用项目研究式、案例分析式等多种教学模式，确保创业教育渗透到课程教学、课外实践、实习实训等各个环节，实现全员参与、整体推进的目标。

第一节　“专创融合”的教改方向

一、“专创融合”的教改定位

“专创融合”教改是通过创业教育资源和思维，对专业课程进行再造和升级，实现创业教育对专业课程的赋能，使专业课程更具有时代性、时效性、引导性和基础性，更有利于人才培养。

“专创融合”教改包括的不仅是课程，首先，是对人才培养方向和培养方案的完善与优化；其次，还应基于课程延展到教学实验、教学活动、教学实践，不仅存在于第一课堂，更应贯通第二课堂、第三课堂的教学应用。“专创融合”教改对培养学生应对知识爆炸与乌卡时代时代[volatility(易变性),uncertainty(不确定性),complexity(复杂性),ambiguity(模糊性)的缩写,指的是变幻莫测的时代]具有明显的时代作用。

二、“专创融合”的教改必要界定

(一) 对“专创融合”教改的认知前提

1. 教改侧重方向之洞见

目前，高校的人才培养仍按照专业类型进行划分，尽管不断在深化改革。在进行“专创融合”教改时，需要尊重现行的人才培养体制，逐步探索并推进改革。因此，根据政策要求和实际情况，“专创融合”教改的核心应聚焦于创业教育与专业教育的深度融合，进而提升专业教育的品质与专业人才的培养层次。

2. 创业教育之深入理解

要有效地将创业教育融入专业教育，切实支撑人才培养模式的变革与创新，首先需全面把握创业教育的独特性与要求。

(1) 政策导向与创业教育要求

《关于深化高等学校创新创业教育改革的实施意见》明确提出了创业教育的多维度要求。在质量标准上，强调创新精神、创业意识和创新创业能力应成为评价人才培养质量的关键指标。在课程体系上，提倡面向全体学生开发开设研究方法、学科前沿、创业基础、就业创业指导等方面的必修课和选修课，纳入学分管理，建设依次递进、有机衔接、科学合理的创新创业教育专门课程群。在人才培养机制上，鼓励高校打破学科壁垒开设跨学科专业的交叉课程，探索建立跨院系、跨学科、跨专业交叉培养创新创业人才的新机制，促进人才培养由学科专业单一型向多学科融合型转变。在教学方法与考核方式上，提倡要广泛开展启发式、讨论式、参与式教学，扩大小班化教学覆盖面，推动教师把国际前沿学术发展、最新研究成果和实践经验融入课堂教学，注重培养学生的批判性和创造性思维，激发创新创业灵感。运用大数据技术，掌握不同学生学习需求和规律，为学生自主学习提供更加丰富多样的教育资源。改革考试考核内容和方式，注重考查学生运用知识分析、解决问题的能力，探索非标准答案考试，破除“高分低能”积弊。由此可见，创业教育在定位、课程、机制、方法及考核等方面均展现出不同于传统专业课程的鲜明特色。

(2) 创业教育实践与“专创融合”新要求

在现实中，我国的高校已经在多个层面开展了丰富多彩的创业教育实践，尤其是以“互联网+大学生创新创业大赛”为龙头的一系列活动，为校园内营造了浓厚的创业氛围。在这样的背景下，我们以赛事为媒介，推动教学、学习、创新、建设以及改革等多方面的进步，形成了一种全新的创业教育行为模式与思维路径。而赛事本身，便是以项目为核心，项目的实施效果作为支撑，项目的展示水平作为评审的基石。因此，在赛事驱动的多重目标实现过程中，创业教育以及“专创融合”中“创”的要素被赋予了更高的期待和要求。

其一，深入贯彻 OBE 教育理念。OBE(Outcomes Based Education)，即成果导向教育，这一理念强调了学生的学习成果与实际应用能力的重要性，而非仅仅局限于学习过程和知识掌握。它以学生为本，尊重学生的主体地位，同时强调教师的引导与辅助作用。在这种模式下，学生需积极投入学习，不断提升自我能力；教师则需提供充分的支持与指导。此外，OBE 教育理念还注重学习成果的细化与序列化，通过明确具体的能力点，帮助学生系统掌握所需技能，并通过实际应用考试检验其学习效果。创业教育及“专创融合”应深刻体现这一理念，不仅提升学生的综合素质，更要注重产生具有展示价值与实际意义的项目成果。

其二，灵活运用 PBL 教学方法。PBL(Problem-Based Learning)，即基于问题的学习，是一种以问题为导向的教学模式。它以学生为中心，鼓励学生主动探究、讨论与合作，以解决问题为核心，进而提升自主学习能力与创新实践能力。教师在这一过程中担任引导者与促进者的角色，协助学生深入探讨问题，构建完整的知识体系。在创业教育与“专创融合”中运用 PBL 方法，旨在引导学生主动发现问题，通过学习与实践解决问题，形成具有创新性的、基于专业与跨专业的解决方案，并将这些方案转化为实际的产品或服务原型，在实践中检验其有效性。

其三，采用小组式的教学组织模式。在教学中，引入创新创业团队的管理模式，以此培养学生的团队合作意识与领导力。这种组织模式不仅有助于学生在团队中相互学习、相互支持，更能锻炼他们在复杂环境中协调资源、解决问题的能力。通过小组式的教学组织，可以更好地模拟真实的创业环境，让学生在实践中体验创业的艰辛与乐趣，从而为其未来的职业发展奠定坚实的基础。

值得强调的是，项目的成熟与发展并非一蹴而就，它需要一个逐步成长的过程。这就要求在教学中将课程的逻辑框架、知识的递进关系与项目的成长路径相互契合，进而对课程结构进行细致的优化与重塑。同时，创新并非空中楼阁，它必须建立在对当前行业主流趋势和最佳实践的深刻洞察上。因此，引导学生积极关注行业动态、拓宽学习领域，成为激发其创新思维的重要前提。而创业教育作为具有鲜明时代特色的教育领域，自然而然地融入了课程思政、劳动教育和美育教育等多重内容属性，为全面培养学生的综合素质提供了丰富的教育资源。具体而言，课程思政可以体现在创业动机的激发、创新创业精神的培养、项目创意的提炼、创业团队的组建、法制意识的增强、可持续发展观念的树立以及项目规划的制定等方面。劳动教育则可以通过田野调查、市场分析、创新思维的训练、原型的创造、项目的验证与实操等环节得以体现。而美育教育则可以在原型设计、项目宣传、展示呈现、商业计划书的撰写以及路演表达等方面得到充分的展现。

（二）创新创业教改的实施界定

（1）教改的推进主体：教务处与创业教学管理单位，作为教改的主要推动者，承担着规划、组织、协调与监督的职责，确保教改活动的有序进行和高效实施。

（2）教改的实施主体：专业教师，作为教改的具体执行者，凭借其深厚的学科背景和丰富的教学经验，将创业教育的理念和方法融入日常教学中，推动教学改革向纵深发展。

（3）教改实施单位：二级学院及所属专业，作为教改的基本单元，承载着将教改理念转化为具体教学实践的重任，通过优化课程设置、改进教学方法等手段，促进创新创业教育与专业教育的深度融合。

（4）教改内容：基础课与专业课，作为教改的主要内容，通过调整课程结构、更新教学内容、强化实践教学等举措，构建更加符合创新创业人才培养需求的课程体系。

（5）教改课程：“专创融合”课程是此次教改的核心所在，它并非独立于专业课程之外的新设课程，而是在专业课程的基础上，有机融入创新创业教育的元素，使专业课程焕发出新的生机与活力。“专创融合”的课程内容依然以专业知识为核心，但通过引入创新创业教育的理念、方法和思维，使学生在掌握专业知识的同时，也能够具备创新创业的能力和素养。

（6）课程特色：在“专创融合”课程的实施过程中，PBL 成为重要的教学方法。项目不仅是体现课程高阶成果的重要载体，更是教学目标与教学效果的综合体现。这些项目往往是基于课程知识的实践应用，而非单纯的创新创业项目。然而，它们却是创新创业项目的基础和灵感源泉，为学生未来的创新创业活动提供了宝贵的经验和启示。

（7）“专创融合”的教改，不仅关注专业知识与创新创业能力的融合，更应同时体现课程思政、劳动教育和美育教育的精神内涵。通过深入挖掘课程中的思政元素，培养学生的社会责任感和使命感；通过加强劳动教育，让学生在实际操作中感受劳动的艰辛与伟大；通过融入美育教育，提升学生的审美素养和创新能力。三者相互交融、相互促进，共同构成“专创融合”教改的丰富内涵和独特魅力。

第二节　“专创融合”的教改实践路径

一、“专创融合”的教改原则

（一）围绕一个导向

坚持以专业/行业市场的需求以及行业创新发展趋势为导向，确保双创思维、理念和方法能够深度融入专业背景下的人才培养中，使教育内容与市场需求紧密对接。

（二）突出一个中心

以学生为中心。一切教育教学行为以学生的成长和学生的职业发展为中心，推动学生在校期间的成长，并培养进入社会后支持职业发展的可迁移能力，特别是自主学习能力、团队协作能力、创新探索能力。

（三）强化一个主体

以课程教学为主体，优化第一课堂，贯通第一、第二、第三课堂，强化理论与实践相结合，学以致用，并引导跨专业、跨学科的，对接社会现实和资源的学习与实践。

（四）遵循三个规律

1. 遵循人才成长规律

充分了解学情，把握“Z 世代”学生的特点，构建具有时代性的学习情境和氛围，循序渐进引导与督促学生成长。同时，体现 OBE 教育理念，使教学目标与学生个体成长目标协调统一。

2. 遵循教育规律

把握好由浅入深、由感性认知到理性认知、由理论到实践、由实践到反思内化的过程、不断丰富学生的学习成就感与收获感，进而激发更强的学习动力。

3. 遵循项目运作规律

运用 PBL 教学方法，基于市场和客户的需求激发创意，优化创意并对标先进标杆发现机会，运用知识、技能和资源寻找切入点，完成田野调查和产品原型，推进原型市场验证与项目实践。

（五）突出三项指标

1. 价值素养指标

强化课程思政，解决为什么学、学什么、怎么学、怎么用的基础问题，融入创新思维、批判性思维和全球视野，激发学生学习的内在动力。

2. 知识传授指标

突出基础知识、重点与难点知识，引导相关知识的自主学习，梳理并构建知识逻辑和知识框架体系，推进知识的内化和实践应用。

3. 技能训练指标

在突出专业技能培养的同时不断强化可迁移能力的培养。训练发现问题、提出问题、分析问题、分享问题、解决问题、迭代问题的能力。

二、学院/专业定位与人才培养方向的梳理与优化

（一）梳理定位与方向

1. 明确方向与目标

以前述教改原则为指导，系统梳理人才培养的有效性及目标达成度，确保人才培养方向与目标的一致性。

2. 市场调研与反馈

通过深入开展市场调研和收集反馈意见，准确把握实际教学效果和人才培养质量，为优化工作提供有力支撑。

3. 梳理内容

（1）职业面向：深入分析学院所对应的产业发展对职业和专业人才的需求，结合国家及省内相关行业的就业需求，以省内为主，明确近三年专业毕业生的就业率和就业对口率（毕业生调查）。

（2）典型岗位需求分析：针对省内主流就业岗位进行深入分析，至少涵盖 5 家代表性企业（可包括与学院合作的主流用人单位），拓宽行业视野，眼界要宽一些，比如

服装，可以是服装行业，也可以是零售行业、电商行业等，如表 5-1 所示。

表 5-1　典型岗位需求分析

序　号	企业名称	所属行业	与本单位相关岗位需求

（3）产业中典型岗位胜任力分析：对省内主流就业岗位的胜任力要求进行全面分析，包括工作内容、职业素养、职业能力、专业知识等方面，从不少于三家头部企业的岗位分析中提取，并参考人才市场的发展趋势，如表 5-2 所示。

（二）优化定位与方向

1. 基于职业胜任力的人才培养模式路线图

根据典型岗位的职业胜任力模型，在遵循三个规律的基础上，构建人才培养模式路线图(表 5-3)，完成具有系统性的人才培养阶段目标设计，可充分体现以学生为中心的原则。

表 5-2　产业中典型岗位胜任力分析

<table>
<tr><td colspan="9">背景依据</td></tr>
<tr><td>序　号</td><td>企业名称</td><td>所属行业</td><td>岗位名称</td><td>工作内容</td><td>职业素养</td><td>基础技能</td><td>专业技能</td><td>基础知识</td></tr>
<tr><td></td><td></td><td></td><td></td><td></td><td></td><td></td><td></td><td></td></tr>
<tr><td></td><td></td><td></td><td></td><td></td><td></td><td></td><td></td><td></td></tr>
<tr><td></td><td></td><td></td><td></td><td></td><td></td><td></td><td></td><td></td></tr>
<tr><td></td><td></td><td></td><td></td><td></td><td></td><td></td><td></td><td></td></tr>
<tr><td colspan="9">提炼总结</td></tr>
<tr><td>岗位工作内容</td><td colspan="8">1.
2.
3.
4.</td></tr>
<tr><td rowspan="4">胜任力</td><td>职业素养</td><td colspan="7">如创新意识、勤奋、法制意思等</td></tr>
<tr><td>基础技能</td><td colspan="7">如计算机、沟通表达等</td></tr>
<tr><td>专业技能</td><td colspan="7">如识图、市场分析等</td></tr>
<tr><td>基础知识</td><td colspan="7"></td></tr>
</table>

表 5-3 基于职业胜任力的人才培养模式路线图

<table>
<tr><td colspan="2" rowspan="2">学 期</td><td colspan="2">素养指标（叠加）</td><td colspan="2">知识指标（叠加）</td><td colspan="2">技能指标（叠加）</td></tr>
<tr><td>基础类</td><td>专业类</td><td>通识类</td><td>专业类</td><td>迁移能力</td><td>职业技能</td></tr>
<tr><td></td><td>学期 1</td><td></td><td></td><td></td><td></td><td></td><td></td></tr>
<tr><td></td><td>学期 2</td><td></td><td></td><td></td><td></td><td></td><td></td></tr>
<tr><td></td><td>学期 3</td><td></td><td></td><td></td><td></td><td></td><td></td></tr>
<tr><td></td><td>学期 4</td><td></td><td></td><td></td><td></td><td></td><td></td></tr>
<tr><td></td><td>学期 5</td><td></td><td></td><td></td><td></td><td></td><td></td></tr>
<tr><td></td><td>学期 6</td><td></td><td></td><td></td><td></td><td></td><td></td></tr>
</table>

2. 课程设置优化与课程再造

学期内的课程设置是达成人才培养阶段目标的重要手段，充分体现以课程教学为主体的原则。课程设置应综合满足人才培养目标的达成，课程之间具有关联性、互补性和拓展性(表 5-4)。

表 5-4 课程设置优化

<table>
<tr><td colspan="2">课 程</td><td>课程 1</td><td>课程 2</td><td>课程 n</td></tr>
<tr><td colspan="2">课程名称</td><td></td><td></td><td></td></tr>
<tr><td colspan="2" rowspan="5">课程性质</td><td>□公共基础</td><td></td><td></td></tr>
<tr><td>□专业基础</td><td></td><td></td></tr>
<tr><td>□专业课</td><td></td><td></td></tr>
<tr><td>□任选课</td><td></td><td></td></tr>
<tr><td>□其他</td><td></td><td></td></tr>
<tr><td colspan="2">课程概述</td><td></td><td></td><td></td></tr>
<tr><td colspan="2">学时数</td><td></td><td></td><td></td></tr>
<tr><td colspan="2">课程前置条件</td><td></td><td></td><td></td></tr>
<tr><td colspan="2">课程关联与拓展</td><td></td><td></td><td></td></tr>
<tr><td rowspan="2">素养指标</td><td>基础类</td><td></td><td></td><td></td></tr>
<tr><td>专业类</td><td></td><td></td><td></td></tr>
<tr><td rowspan="2">知识指标</td><td>通识类</td><td></td><td></td><td></td></tr>
<tr><td>专业类</td><td></td><td></td><td></td></tr>
<tr><td>技能指标</td><td>迁移能力
职业能力</td><td></td><td></td><td></td></tr>
<tr><td colspan="2">社会实践与资源</td><td></td><td></td><td></td></tr>
<tr><td colspan="2">可视化教学成果</td><td></td><td></td><td></td></tr>
</table>

三、“专创融合”的课程解析与教学目标设计

在明确实施“专创融合”课程教改的情况下，需要对具体的课程进行全面的解析，明确课程教学目标。

（一）“专创融合”的课程解析

“专创融合”的课程解析是基于“专创融合”教改方向，对现有课程的全面分析。找出现有课程存在的问题，以利于明确教改的内容范围、工作重点和实施步骤。

课程解析包括：课程基本信息、目前教学效果、课程对人才培养目标达成度的贡献、所用教材、教学组织、教学方法、课程考核方式、教学资源建设、课程关联度等内容。

（二）“专创融合”的课程教学目标

“专创融合”的课程教学目标是教改的方向，以及验证课程教改质量和教学效果的依据。同时，由于创新创业教育的天然特性，需要在课程教学目标中不仅体现创新创业教育的内容，还应同时体现课程思政、劳动教育和美育教育，使教改成果更丰满。课程教学目标设计，可依据教学目标设计表(表5-5)完成。

表5-5 “专创融合”课程建设之教学目标设计表（混合式金课）

课程信息			
课程名称		课程学时	
课程学分		所属学院/专业	
课程定位	□公共基础□专业基础 □专业核心□专业课 □实践课□实验课	课程形式	□大班□小班
课程性质	□必修课□选修课	班级人数	
前置课程			

（续　表）

<table>
<tr><td>后续与关联课程</td><td colspan="3"></td></tr>
<tr><td>考核方式</td><td></td><td>教材选用</td><td></td></tr>
<tr><td>课程设置对人才培养方向的支撑说明</td><td colspan="3">课程设置与社会需求对接，课程内容与职业标准对接，教学过程与生产过程对接；价值塑造与知识传授、能力培养一体化</td></tr>
<tr><td>原教学目标</td><td colspan="3"></td></tr>
<tr><td colspan="4">新课程教学目标</td></tr>
<tr><td rowspan="3">基于布鲁姆教育目标分类法的说明</td><td colspan="2">认知层次：对信息的记忆</td><td>引用、找到、查找、定义、描述、列举、识别、匹配、记住、命名、认出、记录、复述、重复、报告、说明、陈述、列表、标明等</td></tr>
<tr><td colspan="2">理解层次：用自己的语言解释信息</td><td>确认、澄清、分类、叙述、解释、鉴别、选择、转换、区别、引申、归纳、举例说明、摘要、改写、推断、评阅、释义、说明、讨论等</td></tr>
<tr><td colspan="2">应用层次：将知识应用于新的情景</td><td>应用、计算、运用、实行、示范、改变、阐述、修改、制定……方案、展示、估算、操作、表演、练习、模拟、使用、解答、实施等</td></tr>
<tr><td colspan="4">新课程教学目标</td></tr>
</table>

（续 表）

基于布鲁姆教育目标分类法的说明	分析层次：将知识分解，找出各部分之间的联系	分析、对照、分类、比较、图示、检查、评价、估量、把……归类、对比、探测、分解、归纳、设想、假设、整理、组织、概述、总结、测试等
	评价层次：根据一个标准做出价值判断	鉴别、比较、评定、判断、总结、证明、核对、说服、辩护、给……评级、推荐、预判等
	综合创造层次：将知识重新组合，形成新的体系	编写、创造、设计、提出、聚焦、组合、构建、谋划、开发、发明、计划、制定、修订、提议、重组、转变、构想、策划等
基于布鲁姆教育目标分类法的教学目标描述(一句话说明)	认知： 理解： 应用： 分析： 评价： 综合/创造：	
创新创业融合点	同理心(以市场/客户服务为中心) 批判性思维(发现问题、提出问题) 发散思维(分析问题、借鉴创新、微创新) 企业家精神(创业精神、执行力、工匠精神) 新技术视野(行业发展趋势) 美好生活需求(创新的价值与方向) 自主学习能力(课内+课外) 沟通、表达与团队协作能力(分析问题、解决问题)	在“情景与案例”中体现为： 在“问题引导”中体现为： 在“分组教学”中体现为： 在“课堂训练”中体现为： 在“实践项目”中体现为： 在“作业任务”中体现为： 在“学习成果”中体现为：
新课程教学目标		

（续　表）

课程思政融合点	世界观、人生观、价值观、职业观 四个自信 习近平新时代中国特色社会主义思想中华优秀传统文化教育 宪法法治教育 职业理想和职业道德教育 社会主义核心价值观爱党、爱国、爱社会主义、爱人民、爱集体 新时代主要矛盾 国家和区域发展需求 行业和职业发展需求	在“价值塑造”中突出： 在“知识传授”中强调： 在“能力培养”中体现： 在“课堂教学”中落实： 在“实践教学”中开展： 在“教学方法”中改进：
劳动教育结合点	新知识、新技术、新工艺、新方法的应用 职业经验的积累 解决问题的能力 树立正确的择业观 公共服务意识与风险精神	在教学引导中体现为： 在教学过程中体现为： 在教学成果中体现为：
美育教育结合点	社会主义核心价值观 正确审美观念培养 社会及职业道德情操培养 中华优秀传统文化传承 革命文化 创新能力培养 艺术经典教育	在教学引导中体现为： 在教学过程与内容中体现为： 在教学成果中体现为：
可视化的教学成果	1. 目标与反思 2. PBL成果（知识地图、调研报告、创新设计、实践项目） 3. 活页教材与学习手册 4. 视频与图文作业 5. 对接社会的交流、展示、竞赛 6. 导师评价……	
新教学目标综述		

四、“专创融合”课程教学内容逻辑再造

（一）首尾呼应，强化教学目标达成度

在课程开始时，要求学生基于课程教学目标，制定出自己（和小组）的学习成长目标和实现路径，以此强化学生对课程的重视。在课程结束后，要求学生对照原定目标进行达成度的自我评价与小组内的交叉评价，并完成课程小结（300 字+1 分钟短视频）。

（二）强化 OBE 教育理念，突出可视化教学成果

以课程教学目标为成果导向，使教学成果伴随教学的进展不断完善，突出课程教改的结果导向。应用 OBE 教育理念时，应注重以下问题：

（1）想让学生取得的学习效果是什么？

（2）为什么要让学生取得这样的学习成果？

（3）如何有效地帮助学生取得这些学习成果？

（4）如何知道学生已经取得了这些学习成果？

（5）如何保障让学生能够取得这些学习成果？

可视化教学成果及其形成过程，可以有效推进学生学习的连贯性和探究性，使学生增强学习的成就感和获得感。可视化教学成果应伴随课程的开展，分割为多个单元模块，最终累加优化而成。对学生的教学成果主要体现在：

第一，绘制自己理解的知识地图，建立体现本门课程核心知识点的知识逻辑与知识体系，并结合自己的观点进行必要的知识拓展。

第二，完成以调研报告、案例分析、创新设计、原型制作等为代表的课程实践项目。采用实物或图文展示（含推介海报）的方式提交后，进行考核评价。

（三）实施 PBL 教学，引导自主学习和实践

以问题为导向引导学生学习的同时，以项目为导向作为学习的载体，并具象化承载创新创业教育的内容，使学生在真实的、可触及的，可感受与引发共鸣的场景下开展学习，并在学习的过程中发现问题、提出问题、分析问题、分享问题、解决问题、迭代问题，可以较好地激发学习动力和新奇的创意。

在采用问题导向引导开展教学时，重点在于将批判性思维、发散思维、同理心思维等创新思维模式引入教学中，体现以学生为中心，教学引导中应着重体现以下内容：

（1）提供现实中真实场景，在场景中提出问题。

（2）明确问题的价值和解决问题的方向。

（3）当前的解决方案有哪些问题？

（4）更好的解决方案需要从哪里入手？

（5）更好的解决方案需要哪些基础条件？

（6）更好的解决方案借鉴哪些成功经验？

（7）我们需要学什么、做什么、思考什么、创新什么。

（8）如何让市场接受新的解决方案？

在采用项目导向推进自主学习和实践时应注意：

（1）项目核心与课程核心相对应，课程核心应在一定程度上可以解决项目核心的问题。

（2）项目要求与目标应具有一定的挑战性，便于激发学生的自主学习和实践探究。

（3）项目具有持续性，课程进展与项目推进和完善相一致。

（4）项目具有实际价值，可通过社会第三方进行验证。

（5）项目成果（含阶段成果）可进行展示和评价。

（四）采用第一、第二、第三课堂贯通式分组教学管理

以第一课堂的系统化教学为核心，将第二课堂的校园实践、实验与活动，与第三课堂的社会实践、实习实训、项目运作等关键环节紧密相连，形成有机整体。这一模式下，分组式教学法将发挥至关重要的作用。通过精心设计的作业、任务与项目，强化分组教学在课外实践中的实际效能，确保学生在理论学习的同时，能够深入实践，将所学知识应用于实际情境，从而实现多层面的对接与融合：课程设置将紧密对接社会实际需求，确保教育内容与时代发展同步；课程内容将与职业标准紧密相连，为学生提供明确的职业导向；教学过程将与生产过程深度融合，使学生在实践中掌握职业技能；学习过程则将与工作过程相互映照，帮助学生更好地适应职场环境。突出培养学生的知识应用能力和基础职业胜任力（团队协作意识、沟通表达、责任心等）。

五、“专创融合”课程教改的可视化教学成果

“专创融合”课程教改的主体是教师，受体是学生。可视化的教改成果应综合体现在教师层面和学生层面。同时，教学成果应能客观反映课程教学目标的达成度，便

于实施教学质量管理和评估，进而推进人才培养质量的不断提高。

新媒体、自媒体和教育信息化的广泛应用以及教材的创新等，为可视化的教学成果提供了技术空间与可操作路径，可以使教学成果更具有时代性、感召性和影响力。

可视化的教学成果可分为过程性的成果和结果性的成果，便于与过程性考核、结果性考核相对应，将成果纳入考核管理，使其能更好地诠释教学目标达成度。

（一）过程性的可视化教学成果

1. 教师层面

教师应构建并不断更新课程教学资源体系，重点在于各个教学单元的案例视频、教学视频的制作与更新，以及拓展性学习资源的提供。这些资源应充分体现“专创融合”的教育理念，为学生的自主学习与实践提供有力的支撑。

2. 学生层面

在教师的引导下，学生应分阶段完成训练手账、知识地图、任务作业(视频)、项目创意(视频)、反思视频等成果的制作。这些成果应体现学生在课程学习过程中的思考与实践，展现其“专创融合”能力的提升过程。

（二）结果性的可视化教学成果

1. 教师层面

教师应形成完整的教案、课件、视频体系、训练体系以及作业任务体系等成果。这些成果应全面反映教师的教学设计与实施过程，体现其在“专创融合”课程教改中的创新与实践。

2. 学生层面

学生应提交课程总结与反思、教学训练任务/项目成果、成果展示视频、知识的场景应用视频等成果。这些成果应展示学生在课程学习后的收获与成长，体现其在“专创融合”教育理念下的实践与创新能力。

六、“专创融合”课程教改的考核设计

课程考核模式不仅具有显著的教学引导性和学习行为导向性，更是验证教学目标达成度的重要依据。其中，过程性考核与结果性考核的有机结合，成为“专创融合”

课程教改的一大特色。这种考核模式能够更精准地反映素养指标、知识指标和技能指标的达成情况，而可视化教学成果则成为诠释和量化这些教学指标达成度的有力工具。

经过多年的教学实践探索，我们深知要客观反映教学目标的达成度，考核设计必须妥善解决以下问题：

（1）教学成果需要具备可反映素养指标、知识指标和技能指标的可视化、可比化、可量化的内容，以确保考核结果的客观性和公正性。

（2）过程性指标应以过程性考核为主，结果性考核只做补充性的调节，以全面反映学生在学习过程中的努力和表现。

（3）结果性指标应是过程性指标的综合反映，体现对人才成长规律和教育规律的遵循，确保考核结果的全面性和准确性。

（4）各类指标的评判与评判依据应能反映出学生个体之间的差距，而这种差距是伴随课程教学进程动态变化的，从而真实反映学生的学习进步和成长轨迹。

基于上述考量，我们探索出的适用于当代高校课程质量管理的课程考核模式——“积分博弈制过程性考核+结果性考核”。这一模式旨在更好地激发师生参与课程教学的热情，为教学目标的达成提供持续动力。在“专创融合”课程教改中实施这一模式时，我们要特别注意以下几点：

（1）实施分组教学，将教学管理单位由学生个体精简到学习小组，降低教师的教学管理幅度与管理频度，提高教学效率。这一举措有助于促进学生之间的合作与交流，提升学习效果。

（2）设定科学的过程性考核指标体系和权重，如考勤、作业、课堂训练、课堂互动、小组分享等考核项。各考核项的具体要求应紧密结合课程内容，充分反映素养指标、知识指标和技能指标的要求。同时，过程性考核指标项以学生个体为主要考核对象，个别情况下可针对学习小组。

（3）设定科学的结果性考核指标体系和权重，如调研报告、产品创意、项目原型、课程总结与反思等，各考核项的具体要求应结合内容反映出素养指标、知识指标和技能指标的要求。结果性考核指标项以学习小组为主要考核对象，个别情况下可针对学生个体。以小组作为考核对象时，采用小组得分后的组内二次评价的方式，得到学生个体成绩。引导学生的组内协作，积极为小组做贡献的行为，避免“刷课”现象。

（4）学生个体成绩通过积分累加，动态变化，实时呈现。使学习过程成为争取积分的过程，引入“游戏上瘾模式”，激发学习行为和内生动力，进而显著地增强了学习的获得感与成就感。

采用“积分博弈制过程性考核+结果性考核”的模式，使考核机制成为有效的教学管理手段，覆盖课程教学的全过程。这一模式集中体现了学习努力与不努力的差距以及学习质量的差异，使学生深刻认识到成绩是自身努力的结果而非考前突击的产物。因此，这一考核设计能够确保课程教学目标的顺利达成。

七、“专创融合”课程教改的教学资源建设

“专创融合”课程教改方向是课程教学质量的提升，良好的教学资源建设是保证教学质量的基础。在科技高速发展、知识爆炸和 VUCA 时代的背景下，创新创业教育的内容具有很强的时代性、时尚性、时效性和时空性。因此，“专创融合”课程的教学资源更新频率远超过传统理论教学课程，以适应不断变化的教学需求。即便是基础性的理论课程，虽然其基本理论保持恒定，但理论的应用场景及其发展也在不断变化，这对教师的教学引导能力提出了更高的要求。

为顺应信息化教学的发展趋势，并有效落实相关政策要求（如金课建设、精品在线课程、教学能力大赛等），“专创融合”课程教改确立了“线上+线下、教学+实践混合式金课”的改革方向，并以此为指导进行教学资源建设。

（一）“专创融合”课程教改的教学资源建设的可视化内容

教学资源建设涵盖了多个可视化内容，具体包括：

1. 文档类资源

涵盖了教学大纲、教案、课件、作业任务等，为师生提供了清晰的教学框架与指导。

2. 视频类资源

（1）教学视频：以教师为主体，展示教学组织与引导过程，包括课后作业与任务的布置，帮助学生明确学习目标和要求。

（2）案例视频：创建教学情境，引发学习讨论与训练的视频。创设具体教学情境，引导学生展开讨论与训练，深化理论与实践的结合。

（3）微课视频：针对理论与知识要点进行精练讲解，便于学生随时随地学习。

3. 教材类资源

更多采用活页式和与二维码相结合的校本教材形式，强化教材的有效性和实用性，使教材真正成为学习的载体和工具。

（1）将教材内容划分为板块在各个教学单元中体现，有课程知识内容、教学引导内容、课堂训练内容、课后作业与任务内容和拓展学习内容。

（2）根据课程的对象和教学目标、学时安排，灵活组合以上内容。

（3）通过二维码链接信息化平台，使学生便于获取学习资源，形成系统性学习与碎片化学习的有机结合。

（二）“专创融合”课程教改的教学资源建设动态良性循环模式

“专创融合”课程在融入创新创业教育思维和内容后，更加注重知识的应用和人才能力素质的培养。真实的应用场景和科学的教学引导成为提升课程质量的关键，也是落实“OBE+PBL”教育理念的核心所在。因此，教学资源需要不断进行更新与创新，以满足因材施教和达成课程教学目标的需求，这也对教师的备课工作提出了更高的要求。

在前述三类教学资源中，课件、案例视频和教学视频的更新，在教学实践中具有较高的可操作性和有效性。更新内容主要来自两个方面：（1）教师根据课程发展和学生需求自行准备的更新内容；（2）利用学生的训练、任务、作业、项目等实践成果作为更新内容的引导，通过引导学生回顾与评价自己或他人的实践成果，实现课程之间的有机串联，激活旧知，同时引导学生的实践与课程学习不断深入。这种更新方式既体现了过程性考核的特点，又指向了结果性的成果展示，形成了教学资源建设的动态良性循环。

八、“专创融合”课程的教学方法

（一）五步实践教学法

五步实践教学法是根植于 OBE 教育理念，融合 PBL 教学方法与“五星教学法”精髓的产物。经过长期教学实践的淬炼，它已逐渐演变成一种具有鲜明中国高等职业教育特色，以学生为中心，旨在推动教学改革和提升教学质量的有效教学法。

五步实践教学法由“构建情境—协作探讨—知识建构—应用验证—反思内化”五个紧密相连的步骤组成。它不仅强化了教师在课堂教学中的引导作用、课堂互动作用及知识解析作用，而且有力地促进了学生批判性思维、发散思维和同理心思维的培养。此外，通过各教学单元的有机衔接，形成螺旋式上升的教学结构，确保了教学目标的高效达成。

构建情境。采用案例视频+教学视频(作业回顾)的方式，将学生快速有效地唤醒。

协作探讨。基于情境提出与本次课程相关联的问题，采用翻转课堂教学，引发学习讨论和相关课堂训练，并对讨论结果进行分享和评价(过程性考核)。

知识构建。教师针对讨论和训练的分享情况进行总结、提炼，阐述知识重点、知识逻辑和知识架构。

应用验证。教师指导学生基于案例或作业，应用课上所学进行完善与优化，使知识指向应用。

反思内化。教师指导学生通过作业、任务、项目等进行知识应用的深度理解与拓展性应用。

五步实践教学法具有高度的灵活性和适应性，它贯穿第一、第二、第三课堂，不拘泥于课堂教学的应用，针对不同“专创融合”课程的教改需求，可在教学实施中灵活把握。在教学实践中，五步实践教学法的前三个步骤主要在课堂上完成，而后两个步骤(含部分知识建构)则更多地在课外进行，以确保学生有足够的时间与空间进行知识的内化与应用。

（二）课外的作业安排

“专创融合”的课程教改强调实践导向和能力素质的培养，只有包含课内课外，贯穿第一、第二、第三课堂，同时更强调第二、第三课堂的作用。只有将第二、第三课堂的实践做到位，教学目标才可顺利实现。基于五步实践教学法，可将作业分为三类，具有不同的难度要求，适合不同的教学对象和教学要求。

知识思考类。围绕课程知识点的深度认知与拓展性思考，需要举例说明，避免学生做“知识的搬运工”，要求学生独立完成。

样本调研类。寻找现实中与知识应用相关联的样本，应用所学进行样本调研和分析，运用批判性思维，给出分析结果和建议。要求学生独立或小组完成。

项目实践类。发现现实需求，产生创新创意，伴随课程进展不断完善与优化项目。以小组为单位完成。

在作业安排上，不拘泥于每次课后都安排三类作业，而是根据课程内容逻辑与教学目标进行灵活组合。同时，作业提交形式也力求多样化，针对不同的内容要求，既可以是传统的文档形式，也可以是自媒体视频等现代形式。通过交叉评判和媒体流量数据进行评价，教师在整个过程中进行必要的监控与指导。这种作业安排方式不仅能有效激发学生的学习兴趣和获得感，还能在一定程度上减轻教师的工作负担。

第三节　“专创融合”的成果体系与深化趋势

一、“专创融合”的成果体系

“专创融合”的教学改革是一项复杂而系统的工程，其改革成果在人才培养的多个维度中得以充分体现，进而有力支撑高校在教学成果奖、教师教学能力大赛、创新创业赛事、精品在线课程建设、网络教学资源建设、产教融合、教育质量评估以及教改课题等方面取得更卓越的成绩。

维度 1：人才培养模式创新

“专创融合”的教学改革致力于构建市场导向的人才培养方向，形成基于职业胜任力的人才培养体系。通过深入的课程改革，再以课程体系为核心的人才培养模式，使之更加贴合社会与行业发展的需求，有效提升学生的综合素质和职业能力。

维度 2：课程考核创新

课程考核导向的调整是教学改革的重要一环。传统的结果性考核为主的方式逐渐转变为积分博弈制过程性考核与结果性考核相结合的方式。这一创新不仅更加全面地评价学生的学习过程与成果，还体现了以人才培养质量和课程质量为导向的课程考核模式与机制创新。

维度 3：教学方法创新

教学方法的创新是提升教学质量的关键。五步实践教学法的应用，以学生为中心，以教师为主导，以实践为导向，注重学以致用和反思内化。这种教学方法有助于全面达成素养指标、知识指标和技能指标，从而提高学生的综合素质和实践能力。

维度 4：教学资源管理创新

“专创融合”课程的教学资源建设是教学改革的重要组成部分。通过持续建设教学资源库，形成与学生学习成果互动的教学资源体系，为有效教学提供有力的支持。这种创新的教学资源管理方式有助于提升教学质量和效率，促进学生的学习和发展。

维度 5：教学质量评估创新

教学质量评估是教学改革的重要环节。由静态评估过渡到动态评估，通过可视化教学成果支撑教学质量的量化评估，使得教学质量评估更加客观、全面和科学。这种创新的教学质量评估方式有助于推动教学改革不断深入，提升整体教学质量。

维度 6：教材创新

教材创新是教学改革的重要体现。融入二维码的活页式教材，不仅凸显了因材施教的教育理念，还增强了学生的学习拓展和教学资源供给。这种创新的教材形式适应了不同需求的人才培养需求，有助于提升学生的学习兴趣和学习效果

二、“专创融合”的深化趋势

在当前的教育发展背景下，“专创融合”作为一种新型的教育模式，正逐渐成为高等教育领域的重要发展方向。“专创融合”的深化趋势不仅体现了创新创业教育的本质特色，也反映了高校对人才培养模式的不断探索与创新。通过全面融合课程思政、劳动教育和美育教育，“专创融合”课程教改将实现对专业课程的全面升级与再造，从而培养出更多具有创新精神和实践能力的人才。

（1）鉴于创新创业教育的鲜明特色，“专创融合”课程教改中，课程思政、劳动教育与美育教育将实现深度交融。这一过程实质上是通过创新创业教育的前瞻性与实用性导向，推动专业课程实现全方位的升级与革新，从而赋予传统课程更丰富与立体的内涵。这种融合不仅能够提升学生的综合素质，还能够培养他们的社会责任感和创新精神。

（2）“专创融合”具有鲜明的社会属性，它无法脱离社会发展的实际需求与行业创新的总体趋势。因此，高校必须积极深化产教融合，推动协同育人机制的完善。通过引入更多优质产业资源，使其深度参与课程教学、人才培养以及评价体系的构建，确保“专创融合”教育更加贴近实际、更具实效。这种深度融合将有助于提升教育的实用性和针对性，培养出更多符合社会需求的高素质人才。

（3）在“以赛促教、以赛促学、以赛促创、以赛促建、以赛促改”的理念指引下，“专创融合”的课程教改能够有效催生有价值的创意，推动高质量的项目运作。教学与赛事的有机结合，不仅使赛事成为教学实践的重要环节，也成为教学成果的生动展示，以及跨专业学习与实践的宝贵机会。这种融合模式有助于学生在实际操作中深化理解、提升能力，实现知识与技能的双重提升。

（4）在实施 PBL 教学法的过程中，学生能够被引导进行跨专业的学习与实践，实现从以教师为主体的知识传授模式向以学生为主体的能力素质培养模式的转变。这一转变对教师提出了新的挑战和要求，要求他们具备更加全面的知识储备和更加灵活的

教学方法。通过系统的师资培训和课程改革实践，教师的教学能力将得到显著提升，从而更好地适应“专创融合”教育的需求，推动教育质量的整体提升。

综上所述，“专创融合”的深化趋势不仅体现在课程内容的升级与再造上，还体现在教学模式的创新与实践上。通过全面融合课程思政、劳动教育和美育教育，以及深化产教融合和推动教学改革，高校将能够培养出更多具有创新精神和实践能力的高素质人才，为社会的发展和进步做出更大的贡献。

第六章　高校“专创融合”教育的优化策略

从创新创业教育的发展视角来看，将其与专业教育实现有效融合，无疑是高校推动内涵式发展的必由之路。这一举措不仅有助于提升学校的人才培养质量，使学生具备出色的创新意识和实践创新能力，更能为专业教育的持续发展注入新的活力，推动其向更高层次迈进。然而，高校创业教育与专业教育的融合绝非一蹴而就，它需要一个长期的、渐进的发展过程，其中涉及课程设置、教育理念、师资力量、教学方法等多个核心要素。在这一进程中，学校、政府、企业三方必须携手并进，相互协作，共同应对融合过程中可能出现的种种挑战。

第一节　加强顶层设计，促进认知融合

创新创业教育与专业教育的融合，首要任务是实现认知层面的深度融合。这不仅是对教育理念的革新，还是对人才培养模式的重构。只有从根本上转变教育者和受教育者的认知，才能为二者的融合奠定坚实的基础。

一、政府引导：制定政策与营造环境

政府作为创新创业政策的制定者和引导者，在推动创新创业教育与专业教育融合的过程中扮演着举足轻重的角色。它应紧密关注社会经济发展的方向和步伐，深入洞察行业趋势和市场需求，从而制定出具有前瞻性、针对性和可操作性的方针政策。这些政策不仅为高校创新创业教育的开展提供了明确的方向和指引，更为创新创业教育与专业教育的深度融合提供了有力的制度保障。为了确保这些政策能够在地方层面得到有效落实和实施，政府需要依靠各职能部门的协作与配合。各职能部门应根据地方实际情况，制定具体的实施方案和细则，确保政策能够落地生根、开花结果。同时，政府还应加强对政策落实情况的监督和检查，确保政策执行不走样、不变形。作为社

会资源的掌控者和创新创业环境的创设者，政府还应积极发挥其在资源配置方面的优势，为大学生创新创业提供必要的支持和保障。通过制定激励政策、提供创业资金保障、减少创业风险等方式，政府为大学生创新创业营造了良好的环境。此外，政府还应加强创业文化环境的营造，通过举办创业大赛、创业讲座等活动，激发大学生的创新创业热情，培养他们的创新意识和实践能力。

通过制度引导、资金支持等方式，政府不仅促进了创新创业教育的更好开展，还调动了行业企业与社会参与大学生创新创业、协同育人的积极性。这种协同育人的模式不仅丰富了创新创业教育的内涵和形式，更为大学生提供了更多的实践机会和创业资源。同时，这种模式的实施也让师生更加了解、更加重视创新创业教育，从而推动了创新创业教育与专业教育的深度融合。

总之，政府在推动创新创业教育与专业教育融合方面发挥着不可替代的作用。通过制定政策、营造环境、提供资源等方式，政府为高校创新创业教育的开展提供了有力的支持和保障，为培养更多创新型人才奠定了坚实的基础。

二、学校认知：明确融合关系与人才培养目标

在推动创新创业教育与专业教育融合的过程中，学校扮演着至关重要的角色。学校应深刻认识到创业教育是专业教育向前发展的必然环节，是新时代教育改革和创新的重要方向。同时，专业教育作为创新创业教育的重要载体，为创新创业提供了丰富的知识和技能基础。如果专业教育与创新创业教育完全脱离，那么教育就会失去与社会发展的紧密联系，无法满足社会对创新型人才的需求。因此，从学校顶层设计上，就需要明确创新创业教育与专业教育的融合关系，将二者紧密结合起来，共同服务于人才培养的目标。这不仅仅是教育理念上的转变，更是对人才培养模式的全面重构。学校应重新审视人才培养目标，将培养学生的创新创业精神和能力作为重要目标之一，并贯穿整个人才培养过程。

三、全面覆盖：深化师生对“专创融合”的理解与实践

“专创融合”的理念和实践不应仅停留在学校管理层或特定教师群体中，而是需要深入每一位师生的内心，成为他们教学和学习活动中的自觉行动。因此，需要在全校范围内推动这种认知的融合，确保从管理者到一线教师，从高年级学生到新生，都能深刻理解创新创业教育与专业教育的内在联系和相互促进的重要性。尤其要让每位

教师都充分认识到，他们不仅是知识的传递者，更是学生创新创业思维的引导者。他们需要通过自己的教学实践，将创新创业教育的理念和方法融入专业教学中，使学生在学习专业知识的同时，也能感受到创新创业的魅力和挑战。同时，学校应定期举办各类讲座、研讨会和实践活动，让师生有更多机会接触和了解“专创融合”的实践案例和成功经验。通过这些活动，师生可以深入交流、分享心得，进一步加深对“专创融合”的理解和实践。

此外，学校要营造一种全校上下共同推进“专创融合”的良好氛围。无论是课程设置、教材编写还是教学评价，都应充分体现“专创融合”的理念。要让每位师生都明白，创新创业教育与专业教育的融合是为了更好地培养创新型人才，而这种培养应贯穿整个教育过程。

在推进“专创融合”的过程中，还要特别注重培养学生的创新精神和实践能力。鼓励学生敢于发现问题、勇于探索，为他们提供更多挑战和尝试的机会。同时，根据学生的学习反馈和成长需求，及时调整教学策略和方法，确保“专创融合”教育能够真正落地生根、开花结果。

四、实践导向：融入创新创业内容于人才培养方案

学校应将创新创业教育内容纳入人才培养方案，以制度化的形式保障“专创融合”的顺利实施。通过增设创新创业课程、开展创新创业实践项目等方式，为学生提供更多的实践机会，让他们在发现问题、解决问题的过程中不断提升自身的创新能力和实践能力。同时，建立科学的评价机制，对“专创融合”教育的实施效果进行定期评估和反馈，确保人才培养质量得到有效提升。

为了确保创新创业教育与专业教育的深度融合，学校应将创新创业教育内容纳入人才培养方案，以制度化的形式保障“专创融合”的顺利实施。这不仅是对人才培养模式的创新，更是对教育教学质量的全面提升。在人才培养方案中，应明确创新创业教育的目标和任务，将其与专业教育紧密结合。通过增设创新创业课程、开展创新创业实践项目等方式，为学生提供更多的实践机会和创新空间。这些课程和项目应紧密结合行业需求和社会发展趋势，确保学生所学内容具有实际应用价值和前瞻性。同时，应加强与企业、行业等外部资源的合作与对接，共同开发创新创业课程和实践项目。通过引入外部优质资源，为学生提供更广阔的实践平台和更丰富的创业资源，帮助他们更好地了解市场需求和行业发展趋势。

此外，还应建立科学的评价机制，对“专创融合”教育的实施效果进行定期评估

和反馈。通过收集和分析学生的学习成果、实践项目等数据，了解“专创融合”教育的实施情况，及时调整和优化教学策略和方法。同时，将评估结果作为改进人才培养方案的重要依据，不断提升人才培养质量。

第二节　建设创新性融合课程体系

课程，作为学校教育的核心载体，承载着传授知识、培养能力、塑造人格等多重使命。在推动创新创业教育与专业教育深度融合的过程中，课程体系的建设显得尤为重要。它不仅是两者融合的重要支撑，更是实现人才培养目标的关键所在。特别是在高等职业教育领域，培养高层次的技能型、创新型人才，更需要构建一个兼具实用性与多样性的融合性课程体系。

一、课程目标相对接

创新创业教育与专业教育的融合，是一项系统而复杂的工程，它要求在教育理念、教学内容、教学方法等多个层面进行深入改革与创新。这种融合不是简单地将创新创业内容添加到专业课程中，也不是在创业课程中穿插一些专业知识，而是要实现两者之间的真正有机融合。创新创业教育与人才培养是息息相关的。高校作为人才培养的摇篮，应当把创新创业教育的目标细化分解，结合各个专业的特点和实际需求，将其与各专业人才培养目标进行深度衔接。这意味着，高校要在课程设置、教学目标、教学内容等方面全面调整，确保创新创业教育与专业教育在人才培养的全过程中始终保持一致。为了实现这一目标，高校需要对现有课程体系进行重构融合。这是一个系统工程，需要从课程目标、教学内容、授课方式、考核方式等多个方面进行彻底的改革。

在课程目标的设定上，要充分体现对创新精神和创业意识的培养，将其作为专业课程培养目标的重要组成部分。同时，还要根据每节课的课程内容，寻找创新点，不断更新课堂教学内容，引导学生尝试新的思维方式，激发他们的创新潜能。

在教学内容的选择上，要注重将创新创业教育的理念和方法融入专业教学中。通过案例分析、项目驱动、实践操作等方式，让学生在实际操作中感受到创新创业的魅力，培养他们的创业能力和创新精神。同时，还要加强跨学科的教学合作，打破学科壁垒，促进不同学科之间的交流与融合，为创新创业人才的培养提供更广阔的平台。

在授课方式上，要摒弃传统的填鸭式教学方法，采用更加灵活多样的教学方法。

例如，可以运用讨论式、启发式、探究式等教学方法，激发学生的学习兴趣和主动性。同时，利用现代信息技术手段，开展线上线下相结合的混合式教学，为学生提供更加便捷高效的学习体验。

在考核方式上，传统的以考试成绩为主要依据的考核方式已经无法满足创新创业教育的需求。因此，需要建立多元化的考核评价体系，注重对学生创新能力、实践能力、团队协作能力等多方面的评价。通过作品展示、项目汇报、实践操作等方式，全面评估学生的创新创业能力，为他们的未来发展打下坚实的基础。

二、充分挖掘专业课程中的创新创业教育资源

课程内容作为教学质量的核心要素，其质量的高低直接决定了教学效果的好坏。因此，将专业课程教学作为创新创业教育与专业教育融合的重要载体，是实现两者紧密结合的关键所在。

为了实现这一目标，首先，要从专业课程中深度挖掘与创新创业教育的相关因素。这要求教师在备课过程中，不仅要关注专业知识的传授，还要注重挖掘课程中蕴含的创新创业元素。同时，学校应建立激励机制，鼓励教师关注专业与行业的最新发展成果与趋势，将学术前沿发展、最新研究成果、技术创新、方法创新、工艺流程创新等创新元素和创新实践经验融入课堂教学。这样，学生不仅能够学到专业知识，还能在潜移默化中提升创新意识。

其次，我们应在专业课程教学中有机加入创新创业教育元素。这并不意味着要改变传统的教学内容和方式，而是要在原有基础上进行创新。例如，教师可以通过案例分析、项目驱动等教学方式，将创新创业教育的相关内容渗透于专业课程的教学内容中。同时，教师还可以结合职业技能竞赛项目、大学生创新创业训练计划项目、企业创新创业项目等内容，以项目(任务、案例)为载体在课堂教学中呈现，让学生在实践中感受创新创业的魅力。

此外，为了进一步提升专业课程中创新创业教育的质量，不同学院之间应展开交流与讨论，进行跨专业交流。通过优势专业带动其他专业创新，可以实现资源的共享和优势的互补。同时，遴选优势专业的示范课程，加强与不同学科之间的学习，使教学内容更具创新性与实用性，从而提高学生的学习兴趣，培养学生的创新创业意识，让更多的学生能够积极思考和创新。

三、改革教学方法及考核方式

为了更好地适应创新创业教育的需求，我们必须对传统的教学方法与考核方式进行深刻改革。创新创业课程具有高度的实践性和创新性，因此，教学方法的创新显得尤为重要。

在教学方法上，应摒弃传统的填鸭式教学，代之以多元化、互动性的教学模式。要结合学生对创新创业的认知程度，灵活运用实验教学、问题导向教学等多种教学方法，激发学生的学习兴趣和主动性。具体而言，可以将传统的讲授方式转变为活泼的互动场景，强调面向实践、学生参与。在专业课程中，应注重项目化教学，通过真实情境的创设，引导学生主动思考、发现问题并解决问题。课后应布置研究性学习任务，将做、学、教、创融为一体，培养学生的批判性思维和创新能力，激发他们的创新创业灵感。此外，还应以学生为中心进行教学设计，以“师傅带徒”的方式指导学生参与创新创业实践，培养他们在专业领域的创新精神、创业意识和创新创业能力。

在考核方式上，应从知识倾向转变为能力倾向，摒弃单一的考试形式，采用长期、持续的考核方式。要强化对学生学习体验的关注，多设置开放性任务进行考核，注重对学生思考能力和创新能力的测评。在课程考核中，应加入对运用知识分析解决问题能力和创新创业能力的考核元素，建立多元化学习评价体系。可以利用校内信息化教学平台，如“云课堂”，积极探索“线上”和“线下”相结合的考核评价模式，以便更直观、清晰地判断学生的日常课堂表现，增强学生的课堂参与度，提升课堂学习效率。同时，还应探索建立非标准答案形式的课程考核方法，鼓励学生开展创新创业实践，并将实践成果作为课程成绩的重要依据。

第三节　加大教师培养力度，建设优质融合型师资队伍

在现今高等教育体系中，教师的作用已远远超越单纯的知识传授者角色，他们更是培育学生创新精神与实践能力的关键引路人。特别是在创新创业教育与专业教育日益融合的背景下，深化教师培养、打造一支优质的融合型师资队伍，显得尤为迫切和重要。这样的师资队伍，不仅承载着提升高校教育教学质量的重任，更是培养学生综合素质与创新能力的重要基石。

一、提升教师队伍创新创业能力

高校专业教师具备较好的课堂教学能力与专业实践能力，但创新创业教育是面向真实需求的教育，这就要求专业教师具备更高的教学能力。高校的专业教师要积累创新创业实践经验，积极参与校内外创新创业实践活动或培训，丰富创新创业理论知识，从而不断提高创业教育教学能力。在校内，学校教务部门应发挥引导作用，推动各二级学院或系部之间的交流与协作。通过组织不同专业教师进行校内培训或交流活动，可以更加精准地针对各专业特点，分享教学经验，探讨教学方法，进而优化教学方式与考核方式。优势专业的教师在这些活动中可以发挥带头作用，引领其他专业教师共同提升教学能力。同时，专业教师也应保持开放心态，积极参与研究与交流活动，甚至深入企业一线进行实地学习，以获取更为直接和实用的创新创业经验，进而制定出更加科学高效的教学方案，从而提升自身的教学能力。在校外，学校应选拔一批具备创新创业素养的专业教师，进行专题培训或进修，以提升其在创新创业教育方面的专业素养。此外，还可以组织教师赴创新创业教育与专业教育融合成效显著的高校进行参观学习，与不同院校的教师进行深入交流，了解最新的教学成果与经验，并尝试将这些成果融入自身的教学模式中。通过这样的学习和交流，教师的思想观念和教学方式将得以更新，其综合素质也将得到显著提升。

二、优化师资结构，丰富教师队伍

在推动创新创业教育与专业教育深度融合的过程中，优化师资结构、丰富教师队伍显得尤为重要。高校作为人才培养的摇篮，应当积极加强与企业的联系与合作，构建稳定且富有成效的校企合作关系，从而汇聚更多元化的教育资源，为人才培养提供更广阔的舞台。

具体而言，高校应积极在区域行业企业中寻找并聘请具有丰富创新创业经历与经验的优秀技术人员担任校内创新创业教育的兼职教师。来自企业的兼职教师不仅拥有扎实的理论基础，还具备丰富的实践经验，能为学生带来最前沿的行业动态和实践案例，丰富教学内容。同时，还能为专职教师提供宝贵的行业视角和实践指导，促进教师间的相互学习与交流。

为了确保企业兼职教师能够胜任教育教学工作，高校还需对他们进行必要的培训，以提升其教育教学能力，加快融合与构建专职和兼职结合的创新创业教师队伍，为两者融合提供可靠保障。

除了引进兼职教师外，高校还应注重校内专职教师的培养与提升。通过邀请行业内的专业人士定期开展行业最新动态和创新创业讲座，拓宽校内专职教师的视野，增强其专业素养和实践能力。同时，高校应积极开展创新创业教育的示范课堂教学或学术理论研讨，为校内外创新创业教育师资搭建一个经验交流与探讨的平台，提高教师的创新创业教育教学实践能力，促进创新创业教育与专业教学体系更有效地结合。这种交流与合作，有助于打破校际壁垒，促进教育资源的共享与互补，推动创新创业教育与专业教育的深度融合，从而构建起一支专兼职结合、结构优化、能力突出的创新创业教师队伍，为创新创业教育与专业教育的深度融合提供坚实的人才保障。

三、积极创造教师实践机会

教师的创新创业实践经验是其提升教育教学能力的关键所在，而这些经验的积累需要他们投入大量的精力与时间进行深入的探索与实践。因此，在推进创新创业教育与专业教育深度融合的过程中，高校应当充分认识到教师在实践中的重要作用，并积极为他们创造更多的实践机会与时间。

首先，高校应当合理安排教学任务，确保教师在完成基本教学任务之余，能够拥有足够的时间和精力投身于创新创业的相关实践中。具体而言，学校可以通过调整教学计划、优化课程设置等方式，为教师留出更多的自由支配时间，使他们能够有更多的机会参与到企业的研发项目、创新创业竞赛等实践活动中。

其次，高校应建立一套科学有效的教师创新创业能力评估机制。这一机制应根据不同专业以及创新创业教育的实际需求，制定出既具有针对性又具备可操作性的评估指标。同时，高校还应将评估机制与教师职称考评工作紧密结合，将教师的创新创业实践成果作为职称晋升的重要依据，以此激发教师参与实践的积极性。在构建评估机制的过程中，高校还应充分考虑学校自身的特点和要求，制定出符合教师心理需求的评估标准。这有助于确保评估结果的公正性和有效性，避免出现因评估标准不合理而导致的教师不满情绪。

此外，高校还应为积极参与创新创业实践的教师提供奖励机制。对于在创新创业实践工作中取得显著成果的教师，学校应给予适当的奖励，包括物质奖励和精神奖励。物质奖励可以体现为奖金、津贴等形式，而精神奖励则可以体现为荣誉证书、表彰大会等方式。这些奖励不仅能够激发教师实践工作的积极性，还能够提升他们在校园内的社会地位和影响力。

通过积极创造教师实践机会、建立科学有效的评估机制和奖励机制，高校能够充分激发教师在创新创业教育中的积极性和创造力，推动他们在教育教学工作中发挥更大的作用。这不仅有助于提升高校的教育教学质量，还有助于培养更多具有创新精神和实践能力的人才，为社会的发展进步贡献力量。

第四节　搭建共享型实践平台，促进实践活动高质量发展

在深化创新创业教育与专业教育融合的过程中，搭建共享型实践平台具有至关重要的作用。不仅能够为学生提供丰富的实践机会，还能促进实践教学与创新创业教育的紧密结合，推动实践活动的高质量发展。

一、建设完善的校内外实习实训基地

高校应基于自身的专业建设特色，积极创建“创新创业与专业实习实践基地”，实现创新创业教育与专业实习实践资源的共享，进一步推动专业教育与创新创业教育的深度融合。学校应努力争取多方支持，整合各类有利资源，为学生的校内外实习实训和创业实践提供充足的硬件支持。同时，从多个方面开展实践教学和创新创业教学，如组织专业讲座、开展实践项目、举办创新创业竞赛等，确保学生能够在实践中全面提升自己的能力。在建设实践平台的过程中，高校还需统筹安排创新创业学院与二级学院的关系，确保建设经费的合理划拨，利用现有资源，给予二级学院一定的自主权，使其能够根据专业特色自主安排实践活动，进一步提升实践平台的专业性。

二、以企业资源为依托，以校企合作为平台实施创新创业教育

随着校企合作模式的不断深化和发展，高校与企业之间的合作日益紧密，这为创新创业教育的实施提供了广阔的平台和丰富的资源。在这一背景下，高校应积极利用企业资源，以校企合作为重要平台，大力推进校外创新创业教育实践基地的建设，从而有效提升学生的创新创业能力。首先，高校与企业应相互协调，共同探索合作的有效模式，以提升资源利用效率为核心目标。通过深入了解企业的实际需求和发展方向，高校可以更加精准地把握创新创业教育的方向和目标，确保教育内容与市场需求紧密对接。同时，企业也可以借助高校的智力资源和科研实力，推动自身技术创新和产业升级。其次，高校可以充分利用企业资源，建设校外创新创业教育实践基地。这些基

地可以为学生提供真实的实践环境和场景，帮助他们将理论知识与实际应用相结合，提升实践能力和解决问题的能力。同时，基地还可以作为高校与企业合作的桥梁和纽带，促进双方之间的交流和合作。

在具体的实施过程中，高校一方面可以以专业认知与创新实践结合为路径开展课外实践。通过组织学生参与企业的实际项目或案例研究，学生可以深入了解行业发展和技术创新的前沿动态，同时锻炼自己的创新思维和实践能力。这种结合专业认知与创新实践的方式有助于促进学生的创新创业能力与专业能力的协同发展。

另一方面，高校还可以结合企业的实际工作环境开展专业实训实践活动。通过安排学生进入企业实习或参与企业的实际运营过程，学生可以亲身体验企业的运营管理和业务流程，将第一课堂所学的理论知识延伸到实践实训中。这种实践方式不仅有助于提升学生的实际操作能力，还能帮助他们更好地了解企业文化和行业规则，为未来的职业发展打下坚实的基础。

此外，高校与企业展开合作时，还可以积极引进企业优秀技术人员作为兼职教师。这些技术人员具有丰富的实践经验和专业技能，可以为学生提供宝贵的实践指导和经验分享。同时，他们的加入也可以加强校外实践基地与专业教学团队之间的交流与合作，实现校内外人员、技术经验的共享。通过这种方式，高校可以及时发现教学中的难点与弱点，并有针对性地进行改善和提升校内教师的教学质量。

总之，以企业资源为依托、以校企合作为平台实施创新创业教育是一种有效的教育模式。通过充分利用企业资源和校企合作平台，高校可以为学生提供更加丰富的实践机会和资源支持，推动创新创业教育与专业教育的深度融合，培养出更多具有创新精神和实践能力的人才。

三、积极有序地组织学生参与多方面的创新创业实践活动

在创新创业教育与专业教育融合的过程中，高校应积极有序地组织学生参与校内外各类创新创业实践活动，以提升学生的创新创业意识和实践能力。二级学院与创新创业学院应协同开展与配合，确保实践活动的专业性和有效性。

首先，高校应有效分配学生的实训场所和实训内容，提升实践活动的专业针对性。通过深入了解学生的专业背景和兴趣方向，高校可以为学生提供更加符合其需求的实践机会，避免学生在实际训练中浪费时间。同时，这种针对性的实践活动还能有效激发学生的创新创业意识，使其在实践中不断探索和创新。

其次，高校可以牵头组织在全校范围内开展常态化的创新创业实践活动。这些活

动可以包括创新创业设计大赛、创业活动路演、创新创业类讲座等专题活动。通过这些活动，学生可以深入了解创新创业的流程和技巧，提升自己的创新创业能力。同时，这些活动还能为学生提供一个展示自我、交流学习的平台，促进他们之间的合作与竞争。为了确保实践活动的有效性和专业性，各学院应积极响应配合与落实，鼓励各专业学生积极参加。从学生自主报名到校内选拔，高校应安排专业教师进行全程指导，确保学生在活动中能够充分展示自己的能力和才华。同时，高校还可以将学生参与创新创业实践或竞赛情况纳入学生的实践教学管理，以此激励学生更加积极地参与实践活动。

通过参与多方面的创新创业实践活动，学生不仅可以提升自己的创新创业意识和实践能力，还能在实践中积累宝贵的经验和资源。这将有助于学生在未来的学习和工作中更好地应对挑战，实现自我价值的提升。

第七章 高校“专创融合”教育创新发展方向

自孔子时代起，因材施教这一教育理念便在中国教育文化中扎根，历经千年，依旧熠熠生辉。这一理念不仅凝聚了无数教育工作者的智慧与情怀，更展现了中华文明对教育的人文关怀与深刻洞察。因材施教，即针对学习者的个体差异，包括能力、性格、兴趣等方面，实施有针对性的教育方法。这一理念的核心在于尊重并发展学生的个性，将每个学生视为独一无二的个体，而非简单的教育模板，其核心在于将学生的个性视为教育的起点。

第一节 “专创融合”与“因材施教”

在当前的教育环境中，个性化教育的呼声日益高涨，它与教育供给侧改革的现实问题紧密相连，体现了教育精细化供给的先进理念。这一理念与马克思主义关于人的全面发展的终极目标相契合，共同指向了教育应当以人为本、尊重个体差异的核心理念。

然而，现代教育体系在很大程度上仍然遵循着分级但不分类的教学模式，班级教学往往采用“齐步走”的方法。在这种模式下，教学需要遵循统一的教学大纲、使用统一的教材、保持统一的进度。在同一教师的指导下，学生使用统一的试卷进行考核和评价。这种模式虽然在一定程度上保证了教学的规范性和公平性，但却难以充分照顾到每个学生的个体差异和需求。

正是在这样的背景下，“专创融合”作为一种新兴的教育理念和实践工具，为我们展示了如何在现有条件下，通过资源的重新组合和优化配置，实现个性化教育的可能。它也许正是我们寻找的那个平衡点，既能够保持教育的规范性和公平性，又能够充分尊重和发展学生的个性与特长。通过“专创融合”，我们有望打破传统教育模式的束缚，为每个学生提供更精准、更有效的教育服务，推动教育事业的持续发展和创新。

一、“因材施教”能够避免教育的浪费

（一）传统教育是标准化的教育

朱熹评价孔子时提到：“圣贤施教，各因其材，小以小成，大以大成，无弃人也。”①孔子是因材施教的典范，他对学生的教导都是从学生的实际情况出发。孔子的学生子路和冉有同时问孔子：“听到道理之后是否应该马上去实行？”孔子对子路说：“你有父兄在前，怎么能听到就去做呢？”而对冉有则说：“听到后应该立刻去做。”弟子公西华对此事感到困惑，就去请教孔子，孔子解释说：“冉有太过谨慎，所以要加以鼓励；子路急躁好胜，所以要适当制止。”正是由于孔子针对每个学生的不同特点，找到适合他们的教育方式，从而实现了因材施教。

让每名学生都能成为合格的人才，是每位教育工作者不断思考和探索的问题。传统的教学方式往往以统一的标准来规划教学，忽视了学生的个体差异性，导致学生的两极分化现象越来越严重。

“因材施教”强调的是个性化培养。既然是个性化，就必须针对受教育者的个人条件、成长经历、学习潜质、兴趣等开展有针对性的教育活动。因此，在某种意义上，“因材施教”的对立面就是过于标准化的教育。

（1）标准化课纲的弊端。经过数百年的发展，高等教育已经成为一种标准化的教育。专业有标准化的培养方案、课程有标准化的教学大纲，甚至学生管理需要标准化的班级建制、教学组织需要标准化的流程、课程评价需要标准化的试卷。

一门课程要讲什么内容、要设计哪些教学环节、要用什么方式进行考核、要上满多少学时，等等，在当前的教育管理体制下，都有统一的规定。有的课程，会有统一的大纲，比如，“创业基础”就有学校设计的统一大纲。一门课程使用统一的教学大纲，其出发点可能是为了实现教育公平，也可能是为了在相应的历史阶段解决师资不足问题。但因为属于强制性规定，就存在一个严重的问题：一个班级数十名学生，他们的学习基础不同、学习需求有差异，用一个统一的模板到底能满足哪个受教育者的学习需求呢？如果大纲针对某一类群体是最适当的，那对其他群体一定不是最适当的，这是显而易见的道理。这种标准化的课纲，如何能够满足现代教育的需求呢？

（2）标准化考试的局限。教育的标准化是从考试的标准化开始的。考试的标准化

---

① 本刊编辑部．多元发展：生命的本质追求［J］．教育科学论坛，2014（9）．

是中国贡献给世界的智慧。在两汉魏晋南北朝时期，中国传统社会的流动要依赖“举荐制”，受制于家族背景，对培养、发现人才有很大的制约。隋朝开始的科举制度，开启了标准化考试、标准化选拔人才的先河，促进了封建社会时期的阶层流动和社会发展，一定程度上确保了中国在封建社会时期的大部分时间里，其文化和经济领先世界的历史格局。

相较其他的考核和人才选拔方式，标准化考试在评价学生的知识水平方面具有明显的客观性和公平性。也正是这个原因，标准化考试成为现代国家教育制度和考试制度中不可缺少的内容。如今，标准化考试广泛应用于教育，已成为既定事实。由于标准化考试是每个学生求学过程中必须面对的考核，所以对在校生来说，标准化考试就是将教科书中的“标准知识”“复制”于答题纸上。学生参加标准化考试，“复制”越准确，越容易被录用。标准化考试主要考查学生对客观知识的接受程度，难以真正体现学生的认知发展水平。人的认知与思维是同构共生的，如果抽去思维，学生的学习就成为死记硬背。可见，标准化考试在很大程度上限制了学生的思维品质、创新精神和创造能力。因此，在特定的语境下，标准化考试是当前教育制度中必须改革的内容。

（3）标准化根植于现代教育体系的每个角落。标准化除了体现在课纲和考试上，还体现在现代教育体系的各个方面。很多人试图用一本教材去统一一个学校的一个课堂，甚至是多个学校的多个课堂。我们有时对于一门课的上课环节、方法都试图给出标准。这种所谓的标准化是以“标准”为名限制教师教什么和怎么教，限制教师对复杂教学情景的自主判断和教学策略的自由选择，把教育当成了流水线，把教师当成了流水线上的操作工。教育的标准化，不光体现在教学过程上，还体现在对教师的考核、对学校的评估上。所以，在教育体系中最具权威的是“绩效指标”“考核指标”“评估指标”等。

（二）标准化教育急需变革

在推动我国向创新驱动发展转型的过程中，确保教育体系的先进性和高质量是至关重要的。教育的进步是国家经济持续健康发展的重要基石。因此，我们必须正视现行标准化教育体系的不足，并积极推动教育体制的创新与变革，这是落实国家长远规划的基本要求。在此过程中，释放教育者和受教育者在标准化教育体系中受到限制的创造力，应成为教育改革的优先任务。

1. 教师的人才属性没有得到有效发挥

教育工作者作为关键的人才资源，构成了我国社会主义建设中的专业技术骨干。

在新时代的背景下，他们肩负着优化经济结构、促进经济增长和助力实现中华民族伟大复兴的中国梦的重要使命。然而，面对日益增多的教育工作负担，教师面临着逐渐放弃这些重大职责的风险。在职称评定体系的僵化和教育评价、激励机制的衰退中，教师往往将注意力集中在完成既定任务和职称晋升上，而非提升教育质量和考虑其工作对经济发展的影响。

西南大学的冯淑萍教授在其著作《人才的本质属性》中提出，人才是那些具备优良素质，能在特定条件下通过持续的创造性劳动，对社会发展产生显著影响的人群。人才的本质属性包括创新性、先进性、时代性、层次性和时效性，这些属性相互关联，协同作用，共同定义了人才的本质。

在教育评价过度强调分数、升学、文凭、论文和头衔的现实情况下，教师不自觉地视论文发表为创新的唯一体现，以职称等级作为衡量先进性的唯一标准，将简单重复领导观点作为时代性的标志，以及将“五唯”导向的职称体系视为层次性的刻板印象。这种人才观念已经无法满足时效性的基本需求：所开发的课程缺乏时效性，教学内容的实施丧失了时效性，从而导致培养出的人才缺乏社会适应能力。

2018 年，全国教育大会强调，要扭转不科学的教育评价导向，坚决克服唯分数、唯升学、唯文凭、唯论文、唯帽子的顽瘴痼疾，从根本上解决教育评价指挥棒问题。破除“五唯”，既为教育改革指明了方向，也为重新发挥教师队伍的人才属性找到了药方。

2. 受教育者被束缚是更可怕的浪费

截至 2022 年底，我国高等学府共有在校学生超过 3833 万人。这数以千万计的年轻人，每个人都蕴藏着无限的创造潜能，他们是推动国家向更高层次发展的宝贵财富。

这些学生，一代接一代，在接受了传统教育模式后步入社会，为国家的发展贡献自己的力量。他们带着梦想，面对与课堂学习截然不同的社会和职场挑战。在工作中，他们不断学习、适应，甚至重塑自己，最终成为社会的中坚力量。设想一下，如果这些学生能够根据自己的特质、基础和兴趣得到培养，他们必能创造出更加辉煌的成就。

高校学生需要了解的是现实工作的实际环境、行业动态、人际关系、社会发展以及历史走向。然而，在传统的教育模式下，这些目标往往难以实现。传统教育的标准往往与社会实际需求脱节，这导致学生在毕业后面临与学校教育截然不同的社会和技术变革。由于他们对真实的工作环境缺乏了解，对行业现状知之甚少，这不利于他们的个人成长。

高校学生应当根据个人兴趣和未来职业规划来接受教育。例如，如果一个学生将来想成为营销专家，那么在学习过程中，应让他更多地扮演营销角色，积累实际经验。如果某个学生有志于研究工作，那么应让他承担更多研究任务，并给予他更多的研究方法和技巧指导，帮助他取得阶段性的研究成果。这样的教育模式正是专业教育与创业教育融合(“专创融合”)的实践。在“专创融合”所构建的真实环境中，学生能够接触到真实的工作场景、行业环境、人际关系和社会环境，从而更好地理解职场规范、行业现状和需求，学会与人相处的技巧。面对未来的不确定性，这样的经历将赋予学生更广阔的视野，使他们能够客观地认识到国家、行业在长期奋斗中所取得的成就，以及我们与其他国家之间的差距。这正是我们急需融入课程的思想政治教育元素，也是实施课程思政的重要途径。

二、“专创融合”是“因材施教”的专业教育

在审视当代教育领域的众多模式时，我们发现创新创业教育是极为独特的一种，它使我们前所未有地接近了“因材施教”和个性化培养的理念。创新创业教育，以及专业教育与创业教育相结合(“专创融合”)的实践，也许正为传统教育带来一场深刻的变革，有望在实现个性化教育的征途上取得关键性的进展。

（一）因材施教：创新创业教育的精髓

在创新创业教育的整体框架中，团队的构建往往围绕具体的创业项目或实践活动展开，抑或根据课程教学的需求灵活组织。这些团队通过成员间的深入互动与密切合作，形成了一种高效的“协同学习”模式。每个团队都承载着明确的任务，而团队内部的分工则依据成员的专业背景、个人兴趣及自我认知进行，这无疑是“因材施教”原则在创新创业教育中的生动体现。

1. 团队内部的分工深刻体现“因材施教”之精髓

在创业课程的教学实践中，或在指导创业团队的过程中，教师或导师会悉心引导学生根据自身特质、专长、兴趣、资源条件、工作技能及自我定位来合理分配角色。创业团队中，可能涵盖团队领导、行政经理、技术负责人、产品经理、市场营销主管、客户服务主管、财务主管、融资主管等多个职能角色。无论是真实的创业团队还是模拟分组，每个团队都需设定明确的市场目标，并在教师和创始人的指导下，齐心协力解决市场定位、技术储备、产品开发、客户分析、财务管理、风险控制及战略规划等诸多挑战。鉴于任务的复杂性与多样性，分工合作成为必然，团队成员在分工的基础

上实现深度协作，共同推动团队的稳健发展。

在团队协作的过程中，组织的整体目标成为每个成员的共同追求，这一目标在培养领域具体体现为专业知识与公共技能的融合。然而，在项目的设计与实施阶段，团队成员还需根据自身的专长与职责，负责各自领域的任务，确保在完成个人任务的同时，与他人协作无间，从而推动团队的健康发展。这种分工与协作的方式，不仅促进了团队的和谐成长，更让每个成员的个性与专长得以充分展现。在整个教学或团队指导过程中，这种分工与协作均是在教师或导师的精心引导与监督下进行的，形成了一个完整的教育与人才培养体系，深刻体现了“因材施教”的教育理念。

2. 团队协作凸显“因材施教”之教育目标

专业教育在设定培养目标和职业方向时，常常显得抽象而不具体，往往不会深入考虑学生的未来职业路径。“因材施教”不仅是为了更高效地利用教育资源，也是为了帮助学生在更早的阶段就能对自己的职业生涯有一个清晰的认识，这是一种深层次的职业生涯发展教育。

现实表明，由于教育目标、教育模式、师资力量等方面的传统教育局限，传统的职业生涯规划课程往往未能充分实现其目标。职业生涯规划应涵盖对未来行业选择、职业定位、岗位期望等职业发展需求的全面设计，并做好相关知识、技能及素质的准备。

在创业教育的过程中，由于团队内部的分工明确，每个成员都能根据自己的条件、个性、兴趣及未来职业规划，选择负责技术储备、产品设计、客户定位、市场营销、财务管理、风险控制及战略规划等团队任务中的一个或多个。这种分工既是对现实的尊重，也是对未来职业规划的深思熟虑。我们可以合理预期，一个在团队中负责技术的学生，未来很可能继续深耕技术领域；而负责市场营销的学生，其个人条件与职业定位可能更倾向于市场营销领域。若这种认识明确且实际，那么团队成长过程中的自我挑战与锻炼，将有助于学生未来职业能力的培养与提升，也有助于他们更加清晰地认识自我、定位自我。教师在教学与指导过程中，应根据学生的实际需求提供有针对性的学习资源与发展机会，使“因材施教”成为切实可行的教育策略。

（二）“专创融合”：迈向教育个性化的专业革新之路

“专创融合”的核心目标，在于将专业教育与创新创业的精髓相结合，通过团队协作与个体分工，深度践行“因材施教”的教育哲理。此模式的推出，意在解决长期以来教育领域所面对的种种挑战，从而引领教育走向新的里程碑。我们追求的是一种能够真正体现个性化教育精神的专业教育模式，而“专创融合”正是这一追求的集中体现。

在“专创融合”的框架下，核心环境是构建与行业发展紧密相连的创新与创业场景。这些场景不仅承载着人才培养的知识、能力和素质目标，更在潜移默化中塑造着学生的专业能力、可迁移能力以及自我管理能力。这些场景通过具体的创新项目或创业项目来体现，这些项目可能来自校企合作的企业、指导老师的横向课题、团队成员的家庭项目、企业的流程外包需求、企业转型需求，或者是教师的科研成果、学生团队通过头脑风暴发现的行业痛点等。

“专创融合”的改革，需在专业建设和人才培养的各个环节中，逐步引入创新与创业场景，使之贯穿人才培养的全过程，并渗透到尽可能多的专业课程中。这一过程中，传统班级组织形式得以革新，学习小组、创新团队或创业团队成为教学与管理的新基本单位。通过将课程目标具体化、教学考核标准可视化，我们赋予学生更多的学习与成长自主权，使他们在完成创新与创业任务的过程中，能够自然而然地运用所学课程理论、工具和方法，构建属于自己的创新与创业蓝图。

从学生入学伊始，便需在充分进行专业教育和广泛宣传的基础上，根据学生意愿，将他们分配至拥有具体创新或创业任务的小组、团队，甚至形成类似公司的企业组织形式。在整个学习周期中，将每门课程与创新或创业任务的具体环节紧密相连，只要学生的创新或创业行为与成果符合课程培养目标，便视其为有效的教学过程与教学成果。在此基础上，作品、论文、知识产权、合同、分享、交易、战略方案等创新创业先行指标，均可作为考核的重要依据，从而在一定程度上替代甚至完全革新传统的教学组织形式、教学过程及课程考核方式。

在这一模式下，专业教育的组织核心转变为小组与团队。小组和团队需要在总体任务目标的指引下，分工合作，完成一系列具体任务。以某高校开设的“创业班”为例，它为怀有强烈创业梦想的学生提供了个性化的培养路径，成为“专创融合”改革方案的生动实践。然而，需要强调的是，“创业班”并非一刀切的模式。那种不顾学生专业背景与年级差异，以统一课程替代原有专业课程的做法，实则是对教育个性化的背离。在实施“创业班”的过程中，需要设立一些指标来考核选择加入“创业班”的学生。这些考核指标包括是否有创业项目、创业项目是否有持续的收入、是否有必要脱离原有班级进入“创业班”，甚至还包括品行、抗压能力、应对挫折的能力等方面的指标。真正的“创业班”，应当在学院与教务部门的支持下，为每位学生量身定制符合其专业特色与剩余课程需求的替代方案，确保每门课程的替代方式既体现个性化，又保持与其他学生及项目的差异性。对于那些创业热情高涨、实践经验丰富但训练不足的学生，还可以根据其实际情况，弹性安排学程，允许他们在规定的最长学习期限内灵活毕业。这样的教育方式，无疑更贴近“因材施教”的专业教育理念，为教育个性化开辟了新的道路。

第二节　“专创融合”与“翻转课堂”

“翻转课堂”这一概念自引入我国以来，因其强调的“以人为本”和“以学生为中心”的教育理念，以及对人类认知规律的契合，受到了教育界的广泛推崇。它尊重学生在成长过程中的主体地位，强调学习能力的培养，并摒弃了传统教育中的形式主义，因此，理应成为人才培养的基本手段和方法。然而，在推广“翻转课堂”的过程中，我们面临着传统教育模式的强大惯性，导致“翻转课堂”缺乏必要的成长环境。不过，在创新创业教育和“专创融合”的背景下，“翻转课堂”的实施显得更为切实可行和易于操作。

一、“翻转课堂”难“翻转”

（一）认识“翻转课堂”

“翻转课堂”的名称本身便暗示了它与传统教学模式的显著差异。这一教学模式的核心在于，将学习的主导权从教师转移到了学生，并让学生在教师的指导下，主导自己的学习和发展。

1. “翻转课堂”的起源

“翻转课堂”通过改变教学的主次关系，赋予学生更多的学习主动权。一个典型的“翻转课堂”模式包括教师在课前提供学习资料，学生自主学习，然后在课堂上通过合作探讨解决问题。

这一教学模式的最早实践可以追溯到2000年，美国迈阿密大学的教师莱奇和普莱特在“经济学导论”课程中尝试了这种新模式，并将他们的经验发表成论文，首次提出了“翻转课堂”的概念。2004年，慕课(MOOC)的兴起为“翻转课堂”提供了强有力的支持。萨尔曼·可汗将教学内容制作成视频并上传至网络，这一创新取得了意想不到的效果。慕课的出现，使得“翻转课堂”变得更加可行。

“翻转课堂”与学生的成长规律更为契合，但如何实施这一模式，还需要具体的操作方法。目前，最常用的模式是：教师在课前通过网络和课程管理工具呈现教学内容，让学生完成相关任务，然后在课堂上深入讨论。2011 年，萨尔曼·可汗在泰德演讲中提出，我们应该利用视频重新构建教育，使得“翻转课堂”成为当年最热门的研究话题。慕课通过构建课前观看教学视频、课前练习、课中快速测评、解决问题、促进知识内化以及总结反馈的教学结构，让学生在明确的任务驱动下，既学习课程知识，又掌握学习方法。

目前，“翻转课堂”的教学模式已得到国内外众多学者和教育者的认可，其实用性较高，并已在全球范围内的学校逐渐推广，取得了显著的效果。

2. “翻转课堂”的认识基础

华为公司在采用 IBM 设计系统时所采用的“先僵化，后优化，再固化”的知识管理和实践应用策略，对于教学过程有着重要的启示。武汉城市职业学院创业学院的教师王浩，结合其创新创业实践和教育经验，将学习过程概括为三个阶段：僵化、固化和活化。“僵化”阶段指的是学生在接受新知识后进行模仿的过程，这一阶段属于模仿阶段。“固化”阶段则是学生根据自己的知识储备和实际情况，将知识内化为自己的思维和技能，属于内化阶段。“活化”阶段要求学生将思维和技能应用于实际场景，实现知识的综合应用，属于实践阶段。

教育者追求的目标是让学生能够灵活运用所学知识，举一反三。为了实现这一目标，教育过程不能完全依赖讲授，而是需要学生自主学习、实践和思考。传统的教学模式通常以教师为中心，学生被动接受知识。然而，现代教育越来越强调学生的主动参与和自我驱动。在过去，评价一堂课的好坏，往往基于教师的教学准备、教学内容、教学方法和作业布置等方面。这种评价方式主要关注教师的表现，可能忽略了学生的实际学习情况和成长需求。教育的核心应该是学生的学习过程和成果，而不仅仅是教师的教法。

在“专创融合”的教育模式中，教师的角色从知识的传递者转变为引导者和支持者。学生被鼓励自主学习、探索和实践。教师不再只是讲授知识，而是引导学生发现和解决问题。例如，在“创新创业基础”课程中，学生通过小组合作，自行研究行业痛点，设计解决方案，制定营销策略，并控制风险，最终提交创业计划书。

现代教育强调学生的主动参与和自我驱动，教师的角色是引导和支持学生自主学习。这种模式有助于培养学生的创新能力和创业精神。在传统的教学模式中，教师通常占据课堂的主导地位，学生则更多地扮演被动接受者的角色。然而，现代教育越来越强调学生的主动参与和自我驱动。在这种模式下，教师的角色从知识的传递者转变为引导者和支持者，鼓励学生自主学习、探索和实践。有些人担心，如果教师“放弃”课堂的主导权，是否意味着降低了教师的地位。实际上，这种担忧多余的。即使教师在课堂上不占主导地位，他们在整个教育过程中仍然扮演着重要的角色。教师需要设置学习场景、明确任务、控制教学节奏，并观测和评估教育的效果。这些环节的设计和执行对于教育的成功和学生的发展至关重要。

实施这种改革，实际上增加了教师的重要性，而不是降低了。传统的课堂授课可能只需要教师具备一定的专业基础，但在“翻转课堂”模式下，教师需要具备更深的行业观察力、教育规律的理解力以及学生成长的掌控能力。这些能力不是每个教师都具备的，因此这种改革对教师的专业能力和责任心提出了更高的要求。

3. “翻转课堂”的认知规律

（1）“学习金字塔”模型。美国缅因州国家训练实验室爱德加·戴尔 1946 年提出了“学习金字塔”模型。这一模型广泛被接受，并形象地展示了不同的教学手段和学习方式对学生在两周后记住的学习内容比例的影响。

模型显示，在传统的课堂教学中，学生能记住的知识比例相对较低。例如，在教师仅进行讲授(学生被动听讲)的情况下，学生只能记住大约 5%的内容。而通过阅读、视听、演示等个人学习方式，学生能记住的内容比例在 10%~30%。当学生通过讨论、实践和教授给他人等方式进行互动学习时，他们记住的内容比例分别能达到 50%、75%和 90%。

爱德加·戴尔指出，学习效果在 30%以下的传统方式主要是个人学习和被动学习。而学习效果在 50%以上的，则更多地涉及团队学习、主动学习和参与式学习。因此，当学生掌握学习的主导权，并积极参与小组协同学习、实践操作和及时分享时，他们的学习效果将得到显著提升。

（2）“以学生为中心”理念的应用。传统的教学模式强调教师在教学活动中的中心地位，学生被视为知识的被动接受者。在传统教学模式下，教师被视为教学活动的核心，是知识的传递者，而学生的成绩则被视为教师教学水平的反映。课堂被视为教师表演的舞台，整个教学活动围绕着教师展开。

“以学生为中心”的理念并不否认教师在课堂教学中的作用，但它更加重视和体现学生的主体地位。这种理念主张采用研讨式、协作式、案例式等多种教学形式或它们的组合，目的是帮助学生深化知识观念或已有的观念。这种教学模式要求学生积极参与课堂教学，建构自己的知识结构。

这种理念的核心逻辑实际上与“翻转课堂”的教学模式相吻合，即通过改变课堂的主导权，让学生成为学习过程的中心，从而提高学生的学习效果。

（二）“翻转”课堂的问题原因

尽管“翻转课堂”的教学模式被视为实现教学目标的有效途径，教育机构和教师对此持积极的态度，但在实际操作中，其显著成果却鲜有显现。原因是在当前教育制度的导向下，学生的学习习惯难以发生根本性的“翻转”，同时，教师的教育观念也难以“翻转”，导致“翻转课堂”的设计与实施难度重重，难以找到合适的场景来开展教学实践。

1. 学习习惯难以“翻转”

尽管近年来教育机构和学校为推广“翻转课堂”模式投入了大量努力，但进展却不尽如人意。其中，一个显著的问题在于，当课堂的主导权交还给学生时，多数学生对此表现出明显的不适应。在传统教学模式下，学生已习惯于被动接受教师的知识传授与作业布置，缺乏自主设定学习目标、制定学习计划、独立进行学习交流以及获得学习成果的经验。这种长期形成的依赖教师指导的学习方式，使学生在失去外部指导后感到迷茫和无所适从。

这种不适应的根源在于学生长期受传统教学模式的影响，思维受到一定程度的束缚。因此，要真正实现学习习惯的“翻转”，需要付出更多的努力。若在大学阶段未能完成这种转变，学生在未来的职业生涯中可能会面临更多的挫折，付出更高的人生成本，并对教育体系产生更严重的质疑。

2. 教师不愿让渡课堂的主导权

在教育变革中，教师角色的转变是一个关键问题。许多教师在登上讲台的那一刻，便习惯于在课堂上建立以教师为中心的教学关系，这种关系在很大程度上决定了教学的走向。在传统观念中，教师被视为知识的权威，学生往往不敢对教师的观点提出质疑，也不敢对知识的传递方式提出异议。

当“翻转课堂”这一新的教学模式被提出时，许多教师对此感到疑虑。他们担心，如果放弃了传统的教学模式，学生将无法获得完整的系统知识，也无法掌握前沿理论。此外，一些教师还担心这种改革可能会威胁到他们的地位。

需要指出的是，尽管教师在“翻转课堂”中不再占据课堂的主导地位，但他们在整个教育过程中的作用并未减弱。相反，教师需要设计学习场景、明确教学任务、控制教学节奏并评估教学效果。这些环节的设计和执行需要教师具备深厚的行业洞察力、对教育规律的理解力以及对学生成长的把控能力。因此，这种改革实际上提升了教师的重要性。教师需要转变的观念是，课堂讲授可以被部分甚至全部替代。每门课程都有其独特的教学目标。评估学生是否掌握知识、提升能力，可以通过多种方式实现，如考察学生运用理论解释现象的能力或运用技术开发作品的能力。这样，学生可以根据学习目标和阶段性量化指标制定学习计划，安排学习进度，并在教师的阶段性考核、督促和控制下，减少课堂教学，甚至实现完全自学。

3. 课堂“翻转”对师生的要求更高

教师通常习惯传统的教学流程：制定课程大纲、编写讲义、制作 PPT、授课、布置作业和批改作业，这种模式有条不紊。在传统教学模式下，学生如果不听课或不学习，教师拥有考核学生的决定权，对学生形成了一种无形的威慑。

在“翻转课堂”的教学模式下，教师需要重新设计贴近行业需求的教学场景，并明确符合行业运行规律的教学任务。教师需要掌控学生完成任务的节奏，并持续观察学生的行为是否达到教学目标，是否符合教学设计。此外，教师还需不断反思并改进这些场景和任务，并为每个学生提供个性化的指导。

“翻转课堂”的实施对学生来说是一个持续驱动的过程。如果学生的抗压能力不足，他们可能会产生巨大的压力，甚至可能出现一些不良行为。因此，“翻转课堂”对教师来说是一个巨大的考验，它不仅考验教师构建教育场景的能力，还考验他们在面对学习惯性时的决心和责任感，甚至需要他们勇于面对误解。同时，这对学生来说也是一个巨大的挑战。学生是否愿意从应试教育的习惯中解脱出来，是否愿意重新激发好奇心，将大学生活变成一个充电和提升的过程，这也是一个未知数。

二、“专创融合”有效地实现了课堂“翻转”

在设定团队成长目标的基础上，团队或学生有权决定完成具体任务的方式和节奏，不同团队和成员的成长路径存在显著差异。在教师的指导和辅导下，确保学生成长的具体环节与课程目标、专业目标保持一致。这种模式体现了典型的“翻转课堂”理念，有望成为“翻转课堂”实现的通用路径。

（一）创业教育具备“翻转课堂”的微观基础

1. 创业教育应赋予学生成长的主动权

在创业教育的课堂中，教师的核心使命是激发学生的创新精神，培养其创业能力，并通过鲜活的案例帮助学生构建正确的创业认知。然而，当前的创业基础课堂实践中，部分教师过于侧重学生对创业理论知识的机械记忆，而忽视了对学生创新精神和创业能力的实质性培养。传统的教学模式，以教师为主导的灌输式教学，往往使学生处于被动接受的状态，鲜有机会主动参与教学设计与实施。传统教学模式不仅容易使学生失去对创业课程的兴趣，即便参与学习，其所得也往往局限于理论层面，难以转化为实际的创业能力。在提交创业计划书时，部分学生甚至出现了抄袭和应付的现象，这进一步凸显了当前创业教育在培养学生主动性方面的不足。

创业教育不仅仅是课堂教学，它涵盖了创业辅导、创业项目孵化、创业大赛组织等多个环节。然而，在一些高校中，这些实践性强、参与感强的教学形式往往流于形式，未能发挥其应有的教育效果。例如，在全国互联网+大学生创新创业大赛中，部分项目声称其技术已超越世界一流水平，市场上声称千亿级或万亿级规模的项目也屡见不鲜。这些现象不仅反映了创业项目设计中的应付、粗糙和形式主义问题，也暴露了教师在指导过程中的不足以及学生缺乏严谨的学习和工作态度。若学生能有机会深入参与科研项目，进行文献检索、行业调研，并在教师的悉心指导下进行学习，学生便不太可能对技术原理、市场应用和行业现状一无所知，更不会在路演时背诵讲稿或轻易断言“千亿规模”“世界领先”。这些现象表明，缺乏“翻转课堂”的文化基础可能是导致创业教育诸多问题的重要原因。

2. 创新创业教育的培养目标需通过“翻转”实现

在“翻转课堂”的教学模式中，学生将通过研究、探讨、交流和实践的方式去学习和巩固知识，从而使创新精神和创业能力得以内化。在创业实践或项目设计中，“翻转课堂”能帮助学生深入理解行业现状、把握技术趋势和市场痛点，从而设计和推进一个更具市场潜力的创业项目。

（1）创业课程设计中的课堂“翻转”

在创业课程的设计中，应坚持“让学生掌握课程主动权”的原则，使用适当的场景来推动学生完成教学任务。有学者提出的“创业项目生成十步法”（Ten essential steps for an entrepreneurial program，简称 TESEP），正是此原则的生动体现。这一课程设计的核心在于，通过引导学习小组（最终将转化为创业团队）历经 10 个精心设计的步骤，逐步形成一个完整的创业项目。在这一过程中，学生的创新思维得以萌发，创业能力得以锤炼。课程伊始，第一节课便要求每个小组运用头脑风暴法，深入探索学习、生活、交流等领域的痛点，并据此选择最具挑战性的问题组建团队。随后，小组需挑选出最佳、最具执行性的创意，形成初步样品。通过持续的调研与反馈，不断优化产品，并细致描绘客户画像与应用场景。紧接着，制定切实可行的营销规划，充分考虑预算因素，进行风险分析及防范。最后，规划项目的未来发展路径，并以PPT形式展示设计过程，辅以三分钟的精彩介绍。在整个过程中，教师会预先明确协作工具和方法，给予学生充分的自主权，让他们自行探索、总结，形成具有创新性和可行性的成果和方案。学期结束时，每个小组都能呈现出与市场需求紧密结合、切实可行的创业项目。在这一过程中，学生与学生团队掌握了主导权，教师则扮演着引导者和辅助者的角色，负责明确任务、督促阶段性成果的完成，并提供及时的指导和帮助。在“专创融合”的教育环境中，“创业项目十步生成法”的运用不仅有助于实现基于专业背景的“翻转课堂”，更能有效提升学生的创新精神和创业能力，为他们的未来发展奠定坚实的基础。

（2）创业孵化中的“翻转”

在创业项目的成长过程中，一系列的培养与服务举措不可或缺，这构成了针对创业人才的精细化培育工作。创业团队在项目推进过程中，需要方向性的引导，以及在技术方案、团队建设、市场营销、市场资源获取、财务管理及融资等多个方面获得专业支持。然而，在创业孵化的实际工作中，部分教师仍沿袭传统课堂的教学模式，习惯性地提出建议和方案，让学生直接执行，甚至背诵，这种做法对创业教育的效果构成了极大的阻碍。

在知识传授领域，即便采用灌输式、说教式的教学方法，也许能够培养出具有一定创新精神的人才。然而，创业活动涉及众多复杂多变的因素，从技术研发到产品设计，从商业测试到市场推广，再到公司管理与团队协作，每个环节都充满了不确定性。因此，在创业辅导过程中，教师并不具备绝对的权威地位。即便是辅导，也必须强调学生的主体地位，尊重学生的主观能动性和创造性。

在解决具体问题时，教师应运用各种方法，如头脑风暴、九宫格、思维导图、设计思维等，帮助学生分析问题，揭示问题的本质。在辅导过程中，应避免给出确定性答案或直接建议，而是与学生共同探讨，多使用挖掘性语言、扩展性语言、动力性语言，激发学生的思考能力和解决问题的能力。这一过程实际上就是一个对传统辅导场景的“翻转”，它有助于提升学生的综合能力，为学生的创业之路提供更加坚实的支撑。

（二）“专创融合”实现专业教育“翻转”之道

1. “专创融合”的“翻转化”场景

“专创融合”的教育场景具有一些显著特征，其中包括任务导向性。每个专业都有一个核心的大任务，而每门课程则包含一两个或多个小任务，这些小任务嵌入专业的整体任务中。通过完成这些课程任务，最终能够完成专业的整体任务。完成每个任务都需要学生团队的主动参与，基于专业培养目标进行协作探索、研究和讨论，运用头脑风暴、思维导图、设计思维等多种方法，从而使得“翻转课堂”的实现变得顺理成章。

2. “专创融合”的“翻转化”过程

在推行“专创融合”改革试点的专业中，学习组织被重塑为一系列创新团队或创业团队。以创业团队为例，其首要任务是，在教师的指导下，运用头脑风暴法，深入挖掘行业痛点，并选取最具挑战性的问题作为大学阶段的创业项目的起点。团队需针对这些问题提出解决方案，开发产品，设计服务，并通过市场化手段将产品推向目标人群，同时妥善处理经营、服务、管理、风控等各个环节。

这个过程首先是一个专业人才的典型培养过程。在分析行业问题、寻找解决方案的过程中，学生通过资料检索、访谈、讨论、头脑风暴等方式，学习专业的基础知识。我们将这些专业要求学生必须掌握的基础知识进行精准描述，并赋予相应的资料检索、访谈、讨论、头脑风暴等环节，通过观察团队的行为及成果，评判他们是否具备这方面的专业知识。

在认识市场并了解市场格局、制造产品或设计服务、策划营销活动并实施市场营销、售后服务、风险控制、战略规划等环节，学生能够有效地实现专业人才的能力目标培养。在融资与财务规划、人力资源管理及内部管理等众多环节，学生需要与他人充分交流，不断磨合，反复设计文案并开展路演活动等。这些环节对于提升学生的人文素养、综合素质具有重要意义。在此过程中，虽不排斥集中授课环节，但力求减少集中授课时间，仅针对实践环节无法涵盖的知识或技能进行集中教学。

即便在无法全面实施专业“专创融合”改革的情况下，仍可依托具体课程推进课堂“翻转”。此模式可称为“课创融合”。以电子商务专业为例，可将专业培养场景设定为电子商务项目运营。围绕此项目，专业的目标即为成功运营，并在运营过程中达成所有专业课程的教学目标。例如，在“网络营销”课程中，旨在使学生了解营销理论，掌握营销手段，制定并实施营销方案。相较传统教学中对营销知识、工具、消费者行为分析等的介绍，更应关注如何通过有效方式实现这些培养目标，而非仅局限于课堂知识点的传授。因此，应探寻方法，使学生通过自主学习活动，真正提升相关能力。如表 7-1 所示。

表 7-1 某校“网络营销与策划”的课程介绍

学习领域		网络营销与策划							
实施学期	四	总学时	72	讲练学时	36	单项技能训练学时	18	综合技能训练学时	18
教学方法和手段	理论教学、案例分析、多媒体教学								
学习重点	网上市场调研、网络产品的推广与促销、网络消费者购买行为分析、网络营销广告策略、网络营销价格策略								
职业行动能力	利用网络进行产品的推广与促销，能进行项目的网络营销与策划								
职业知识内容	营销学基本知识、网络营销工具、网络消费者行为分析、网络营销调研、网络产品策略、价格策略、渠道策略和促销策略等								
教学基本条件	多媒体教室、机房等								

评估学生是否具备特定能力的方法不应仅仅依赖考试。过去，通过出卷子，涵盖相关知识点，学生通过考试，教师就认为学生掌握了这些知识，具备了这些能力。然而，这种评估方式显然过于单一。为了更准确地衡量学生是否具备相应能力，应深入观察他们在实践中的具体行为表现。以网络营销课程的教学目标为例，可以设定一些行为目标，以匹配课程的教学目标：在课程学期内完成 1 个以上的营销策划案、1 次以上的线下推广、3 次以上的线上推广、开设自己的公众号并完成 10 篇以上的推文、拥有 20 个以上的自建营销社群、社交媒体拥有 1000 个以上的好友、课程学期内实现 5000 元以上的营收等。当学生完成这些行为时，可以确信他们已掌握营销学的基础知识，熟练运用网络营销工具，具备网络消费者行为分析的能力，并能进行网络营销调研与销售实践。在这一过程中，教师的作用从传统的讲授者转变为引导者和辅助者。学生的实践活动本身就是专业大任务——运营电子商务项目的自然组成部分。学生的学习和成长不仅局限于课程学期内，而是会在整个学习过程中不断得到深化和拓展。以此类推，其他专业课程也可采用这种培养方式，共同构建一种彻底“翻转”的教学场景。

第三节 “专创融合”与“学创矛盾”

“学创矛盾”，这一现象描述的是那些怀揣创业梦想并付诸实践的学生，在实施创业行为时，因时间和精力的双重束缚，常陷入学业与创业之间的两难境地。此矛盾已成为高校在推进创新创业教育中亟待解决的一大难题。而“专创融合”试点改革的探索，则为化解这一矛盾提供了有效的路径，它在确保人才培养质量的同时，为创业实践者提供有力的支撑。

一、“学创矛盾”是创业型学生亟待克服的难题

在高校，学业与创业的冲突一直如影随形。那些怀揣着不凡抱负，不安于现状的学生，总是敏锐地捕捉着身边的商机，渴望在创业的道路上大展拳脚。然而，一旦踏上创业之旅，市场的巨大压力和诱惑往往使他们难以再安心于课堂。这种“学创矛盾”的现象，几乎在每个高校中都有所体现。

（一）“学创矛盾”让高等教育“失色”

“学创矛盾”实则是那些热情投身于创业实践的学生，在追逐梦想的过程中，由于时间、精力等资源的有限性，导致学业与创业之间产生了难以调和的冲突。这一现象在高校中屡见不鲜，且对人才培养工作带来了不容忽视的负面影响。

1. 高校“学创矛盾”现象普遍存在

创新创业行为，作为“双创”实践者内心激情与期待的外在体现，本应得到高校的鼓励与支持。然而，现实中，部分保持着这种上进心的学生却因在商业行为上投入过多精力而被误解。有些教师可能会因为学生投入商业活动的时间过多，而质疑其学业的专注度，甚至因此扣减其平时成绩或判定不及格。这种“一刀切”的做法，无疑是对学生创业热情的打击。

2. “学创矛盾”对人才培养的消极影响

创业者是国家和社会宝贵的人才资源，他们承担着巨大的压力，克服生产、技术和管理的挑战，为社会提供产品和服务，推动技术创新，提升经济活力，同时创造就业岗位和税收。尽管创业者的初衷可能并非全然为了社会的进步，但他们在追求个人成就的同时，也在推动社会的发展。对创业者的限制，实则是对国家和社会的失责，

对大学生的限制则是对人才潜力的扼杀，有悖于高等教育的初衷。以迅游科技的创始人袁旭为例，他的故事展示了创业精神与学业成就之间的冲突。袁旭自小对互联网充满热情，最终因为难以兼顾学业和创业而选择退学。他的公司迅游科技在获得多家知名投资机构的投资后成功上市，袁旭也成为中国最年轻的上市公司创始人和实际控制人。袁旭的经历提醒我们，优秀的创业者不一定是传统意义上的“好学生”。

许多人认为大学生的主要任务是学习，然而，这种观念或许过于狭隘。真正的学习应当包括与社会和行业的互动，而不仅仅是课堂上的知识学习。因此，对大学生创业者的限制不仅是对他们个人发展的阻碍，更是对教育责任的忽视。忽视解决“学创矛盾”，不仅可能让学校失去培养优秀校友的机会，更可能阻碍学校整体影响力的提升。

（二）“学创矛盾”的根源

既然大学里的创业者是充满梦想的杰出学生，是大学潜在的杰出校友，那为何长期以来会用传统的课堂教育去限制他们，而不愿为他们制定一套适合其特点的评价体系呢？就像袁旭一样，他能够独立搭建自己的服务器、开发网络游戏加速软件、带领开发团队完成大型开发项目，还能成功运营一家著名的计算机信息类上市公司。为何不能用他的实际开发成果、编程思维、需求分析报告等来替代他相应的课程呢？说到底，这是一个评价机制的问题。

我们经常遇到这样的例子，许多学生在校期间按照学校的评价标准可能并不突出，然而在职场和人生的旅途中，他们却表现得很出色。例如，新东方的创始人俞敏洪，他历经三次高考挑战，最终才得以进入北京大学。在学术上，他并不显得卓越，甚至有时感到自卑，但正是这位学生，带着改变命运的决心踏上了创业之路，最终缔造了中国教育产业中的一个传奇——新东方教育集团。再看全球电子商务巨头阿里巴巴的创始人马云，他的学习成绩也并不显眼。1984 年，马云第三次尝试高考，总分依旧低于本科线 5 分。幸运的是，由于杭州师范学院英语专业招生名额未满，一些英语成绩优秀的学生获得了入学机会，马云正是其中的一员。

在武汉理工大学，有一位被誉为“理工马云”的创业者杨晓锋，他同样不符合传统评价体系下的“好学生”标准。杨晓锋来自甘肃静宁的贫困地区，父母都是只有小学文化的农民。他历经两次高考，最终考入了武汉理工大学。值得一提的是，他从入学之初就积极参与众多学生社团活动。由于他积极主动、热情大胆的行事风格，他很快在朋友圈中积累了一定的影响力，并牵头成立了“武汉大学生飞马创业团队”，担任领导职务。该团队主要负责代理多家公司在武汉高校的各种业务，包括销售电话卡、计算机二级培训招生、电脑销售以及展销活动等，在武汉各大高校都设立了分支机构。

经过大一一学年的锻炼，杨晓锋意识到大学对他的吸引力正在减弱，他渴望在更广阔的舞台上挑战自我。因此，尽管面对来自教师、父母、同学和朋友等多方面的压力，他还是选择了申请休学去创业。这个决定并非一时冲动，他从大一开始就留心观察同学的学习状态，并与他们探讨未来的规划。他发现，许多同学对未来感到迷茫，学习仅仅是为了应付考试，课堂上要么睡觉、要么看小说、要么使用社交软件聊天，甚至有人直接逃课，认真学习的同学寥寥无几。课余时间，大家要么去网吧玩游戏，要么陪朋友玩乐，要么在宿舍睡觉或上网，只有少数人参与实践活动或接受培训。这些观察坚定了他休学创业的决心。

最初，他涉足了校园代理业务，随后扩展到校园电商、定制服装和活动推广等领域，围绕校园市场尝试了众多项目，尽管遭遇了许多挑战，连续创办了三家初创公司，但成效并不理想。2011 年 6 月 2 日，他正式注册成立了武汉校园导航网络科技有限公司，并担任董事长兼首席执行官，联合创始人邓志成担任总裁，公司的核心管理团队基本组建完成。公司运营的校园导航网旨在打造成为中国校园领先的综合性门户网站和媒体互动平台，其宣传口号是：“上大学，就上校园导航网。”

校园导航网的定位明确，当年就成功吸引了超过 1 万个学生组织和 100 万名学生注册，覆盖了 1800 所大学，并与腾讯、加多宝、百度、海尔、雅思、网易、微软、中国扶贫基金会、欧美同学会企业家联谊会等众多知名企业和机构建立了稳固的合作关系。公司举办了一系列品牌活动，包括“全国大学生创业实战大赛”“乐享青春寻访名企”“网聚爱心义卖助学”“全国大学生社团会长论坛”“全国大学生互联网集训营”“企业家进校园”等，这些活动赢得了大学生和合作企业的广泛赞誉。2011 年 11 月，校友魏涛特意从俄罗斯返回武汉，在最后一轮谈判后，决定向杨晓锋投资 25 万元作为种子资金。

2013 年，武汉理工大学的李超教授以杨晓锋的创业经历为案例参加了“高校教师创业案例大赛”。在决赛中，杨晓锋的案例深深吸引了担任评委的知名投资人、北京红石诚金创业投资管理公司董事长、欧美同学会企业家联谊会秘书长石宏。经过简短的接洽，石宏先生决定向校园导航网注资 150 万元，获得了公司增资后 15% 的股权。更可贵的是，石宏的加入不仅为杨晓锋带来了国际化的视野，还能精准把握国内行业的发展趋势。

在石宏加入校园导航网后，公司的影响力迅速攀升，引起了时任武汉市长唐良智先生的重视。在 2013 年武汉市推出的重大创业支持计划“青铜计划”中，校园导航网被多次作为成功案例进行推广。基于这一良好基础，湖北省和武汉市的多家投资机构纷纷向校园导航网伸出援手，公司迎来了融资的黄金时期。2014 年，校园导航网吸引了多家机构的关注，并成功完成了两轮融资，湖北省高投和达成创投共同投资了 300 万元。2015 年 8 月，由北大校友联合会领投，北京创客共赢基金向校园导航网再次注入了 1000 万元的投资。至此，校园导航网的估值已经超过了 2 亿元。

在深化教育改革的进程中，构建一个开放而包容的评估体系显得尤为迫切，这种评估体系应充分发掘包括创业者在内的“非传统”大学生的内在潜能，尤其注重个体的全面发展与成长。只要学生在大学期间能够达到既定的专业能力成长标准，他们便应获得应有的对待。若以课堂为中心的单一学业标准来约束创业者，不仅是对人才资源的极大浪费，更是学校在自我发展道路上设置的障碍。

解决“学创矛盾”的重要性在于其能够推动优秀人才的个性化培养与因材施教。实际上，解决“学创矛盾”正是实施“因材施教”战略的关键一环。因此，我们应当从化解“学创矛盾”着手，逐步推进“因材施教”和个性化培养的实践，为每个学生的全面发展创造有利条件。

二、“专创融合”与“学创矛盾”

“学创矛盾”持续存在的核心问题在于学业与创业活动之间的脱节。教育者应当重视创业环境对学生培养途径的扩展和增强。我们需要将学生在创业过程中的体验转化为教育内容和人才培养的目标。这样做不仅能够促进学生在适合他们发展的道路上快速进步，还能够丰富教育的实践和理论，从而有效地解决“学创矛盾”的问题。

（一）“学创矛盾”的根本原因

消除“学创矛盾”，为怀揣创业梦想的学生提供一种独特的评价体系，为学生创业的道路清除障碍，实际上也是为学生个人的成长道路清除障碍。这是高校在创业工作和创业教育中的根本职责。解决这个问题的关键在于将学业和创业环境有效结合。

1. 消除“学创矛盾”是高校创业教育的核心职责

创业教育的本质，从字面上理解，就是“服务于创业者，确保他们能够沿着适合自己的成长路径前进”。因此，能否有效解决“学创矛盾”问题是衡量一所学校创新创业工作成效的重要标准之一。

尽管创新创业教育面临诸多挑战，但在人才培养导向下，解决“学创矛盾”无疑是最紧迫、最重要的任务。遗憾的是，由于这个问题难以解决，许多学校长期以来选择忽视它，而不是积极寻求解决方案。那些尝试解决这一问题的学校受到了广泛关注和期待。

义乌工商职业技术学院就是一个典型案例。杨甫刚，该校2006级学生，出身贫寒。2009年毕业时，他的淘宝店铺已经达到双皇冠级别，他驾驶一辆红色凯迪拉克离开了学校。大一时期，他就有三四门课程不及格，三年下来，他的课本几乎和新的一样。他并不是一个不喜欢学习的学生，为了解决店铺运营的难题，他可以在阅览室查资料一个星期。大一下学期，一位教师对他的学习态度不满，询问他每月能赚多少钱。杨甫刚回答说每月五六千元。教师当时感到震惊，因为当时教师的月薪也只有五六千元。在杨甫刚的启发下，学校领导开始鼓励学生尝试创业，认为这可能会激发学生的学习兴趣。因此，学校成立了专门的创业学院，符合条件的学生可以转入创业学院学习，并通过学分替代完成专业学习。创业学院所在的雪峰楼成为学校的“特区”，这里既是上课的地方，也是学生经营网店的地方，每张课桌都配备了网线和电线。没有课时，许多学生整天在教室里照看店铺，教室里随处可见货物、快递单、包装袋。一些学生甚至自备了打印机和扫描仪，课桌设施一应俱全。每个班级除了教室，还配有一间仓库，方便学生存放货物和打包，仓库由学生集体管理，他们自己制定仓库管理制度。淘宝店铺的等级可以转换为创业学分，除了必修课，许多课程可以选择免修，用创业学分替代。为了方便学生经营网店，创业学院实行了一套特殊制度，其他学院早上8点半上课，而创业学院考虑到学生因经营网店而晚睡，所以9点半才上课。此外，学生只要有合理的理由，就可以请假。

在义乌工商职业技术学院的创业学院，学生的主要任务不是学习书本知识，而是经营淘宝店铺。因此，很多人开始将其称为“淘宝大学”，它的这些做法引起了广泛的关注和争议。支持者认为，大学教育的目的就是让学生掌握谋生的技能；而反对者则质疑，这还算得上是大学教育吗？然而，我们很少听到学生对这个教育模式的不满，我们也看到了许多在传统教育模式下难以见到的教育成果。

2. 整合学业与创业环境是消除“学创矛盾”的核心策略

许多高校对于鼓励学生创业可能对人才培养造成的影响感到忧虑，因此在处理“学创矛盾”时显得并不积极。在教育主管部门尚未明确表示支持创新和放权的情况下，高校对改革可能引发的舆论争议和潜在负面结果感到担忧，这是可以理解的。

高校首先是进行人才培养的场所。在这里，所有教育活动都应遵循人才培养的基本逻辑。专业是人才培养的核心载体，因此任何改革都必须符合专业成长逻辑，并与专业所对应的行业背景相吻合。从这个角度来看，义乌工商职业技术学院将所有课程替换为基于网店运营的课程，确实存在一定的问题。这种广泛的替换可能更适合电子商务、跨境电子商务，甚至是网络营销、市场营销等专业，但对于机械加工、交通工程、大数据等专业来说，只有少数课程可以尝试用电子商务运营的场景来替换，大多数课程则不适合这样做。

对于那些正在创业的学生，如果引导他们在所学专业对应的行业中寻找创业机会，并用他们在行业中的观察、思考、研发、生产、经营、管理、风险控制和规划来替代一门门专业课程，甚至在明确了每门课程的考核指标的前提下，让学生团队实现自我发展，这将是一个具有突破性意义的步骤。对于那些已经确定了创业项目，并需要解决“学创矛盾”的学生，应该鼓励他们转至相关专业，然后再采用这种方式来处理。这是解决“学创矛盾”的一个较佳途径，也是实现“专创融合”教育方法的一个重要支撑点。

（二）“专创融合”化“学创矛盾”为“学创相长”

“专创融合”通过促进学业与创业环境的结合，为解决“学创矛盾”问题提供了一条实际可行的道路，它不仅化解了“学创矛盾”，还将其转变为“学创相长”，这是一种值得期待的解决策略。

首先，创业活动必须与某个专业领域相关联。这里所指的专业，并非单指创业者所攻读的专业，而是指每项创业活动都不可避免地属于某个行业，而该行业必然有相应的专业领域。因此，如果出发点是“创业”，那么创业者所从事的行业是否与其学术背景相关，就不再是一个关键问题，也与“专创融合”“学创矛盾”以及项目本身的优劣无直接关系。

其次，当聚焦于人才培养时，必须将行业场景，尤其是行业的创业场景融入专业培养过程中，这是“专创融合”人才培养模式的核心。在这种背景下，专业成为人才培养的必要依托，否则，将失去高等教育专业人才培养的意义。因此，如果讨论的是教育和专业人才培养的场景，就必须在专业所对应的行业中寻找创业场景，并将其融入人才培养中。

当专业教育与创业行为的场景实现深度融合时，我们不难发现，在创业环境中进行的创业教育更能激发学生的学习动机，使其学习更具方向性和目标性。由于教学场景的具体化，学生对行业的理解、对专业发展趋势的洞察以及对行业中技术、产品、企业的认识将更为深刻和全面。这种专业教育的效果无疑远胜于传统教学模式，其效果更为精确和高效。与此同时，对于创业者而言，这种方式不仅有效解决了因时间冲突而产生的“学创矛盾”，使其学业与创业得以并行不悖，而且增强了创业项目的技术底蕴，为其提升项目质量创造了有利条件。

本书曾多次向创业者询问“创业对专业学习有何裨益”，得到的答案每每令人振奋。以湖南工商大学数据分析专业的研究生黄××为例，他在学习了多种分析工具后，一度迷茫于如何将这些工具应用于实际。然而，在与导师合作的多个课题中，他发现了大量研究者对数据收集和整理的需求，同时也注意到许多研究生因缺乏相关技能而在学术道路上受阻。于是，他利用自己的专业知识，开发了多个关于工具学习和使用技巧的小视频，并通过微信公众号进行分享，迅速吸引了数万用户。随后，他进一步拓展业务，为研究者提供数据查询和分析服务，最终成功打造了 2019 年湖南省“互联网+”大学生创新创业大赛金奖项目“数以致用——数据分析的指引者”。在项目的设计与运营过程中，他对自己的专业产生了更深厚的热爱，专业水平也得到了显著提升。

黄××同学的成长历程无疑具有深远的示范意义。若他未能依托自己的专业进行创业，也许将深陷学业与创业的双重困境。若他未曾涉足创业实践，他对专业应用领域的认知或许仍将停留在表面。反之，若他选择了与自己专业毫不相关的行业进行创业，那么他的专业学习很可能难以保证，最终可能两头落空。因此，“专创融合”不仅为创业者提供了更广阔的舞台，也为高等教育中的专业人才培养开辟了新的路径。

第四节　“专创融合”与通识能力培养

《国家中长期人才发展规划纲要（2010—2020 年）》明确指出，构建规模宏大、结构优化、布局合理、素质优良的人才体系，确立我国在国际人才竞争中的优势地位，进而跻身世界人才强国之林，乃国家发展的战略目标。通识教育，作为高等教育的重要组成部分，通过强化学科知识的整合与优化教学质量，使高等教育机构能够更好地履行其教育职责。它致力于培养具备广博知识背景与精湛专业技能的复合型人才，以满足社会的多元化需求。在深化与拓展专业学术能力的过程中，通识教育扮演着不可或缺的角色。因此，如果说专业教育确定了个人的职业方向，那么通识教育则决定了职业生涯的深度和广度。

一、高校通识能力培养的现状

回溯 1995 年，原国家教委在武汉召开文化素质教育试点工作会议，提倡以公共选修课和文化基础课为试点形式，并推出了一系列针对大学生的文化素质教育课程。1998 年 2 月，《关于加强大学生文化素质教育的若干意见》明确指出，加强文化素质教育的目的在于提升学生在文学、历史、哲学、艺术等人文社会科学方面的素养，同时增进文科生对自然科学的理解，从而全面提高大学生的文化素养、审美能力、人文修养和科学素质。

1999 年，全国已有 32 所高校采纳了以人文素质教育为核心的“文化素质教育课程”。在实施过程中，部分高校开始借鉴西方，尤其是美国大学的通识教育课程体系，并从中筛选出符合通识教育理念的课程。2016 年 6 月 26 日，在第二届大学通识教育联盟年会上，重庆大学、南京大学、武汉大学、厦门大学、香港中文大学和浙江大学等六所知名学府共同签署了《大学通识教育联盟章程》，此举标志着通识教育已经成为这些高校人才培养工作的核心组成部分，并在中国高等教育领域中占据着举足轻重的地位。

（一）通识能力

通识能力，虽在学术界尚未有统一之界定，然而其对于个人全面发展及职业生涯的重要性，却不容小觑。

1. 通识能力的理解

1998 年，我国倡导对大学生进行人文素质教育，然而，诸多高校误将素质教育，特别是人文素质教育，视为通识教育，将人文素质误判为通识能力。此种误解，对人才培养与教育改革并无裨益。

美国学者辛迪·梵和理查德·鲍尔斯将人的技能分为三类：专业知识技能、可迁移技能、自我管理技能。专业知识技能是与特定工作直接相关的技能，可帮助有效完成工作目标；可迁移技能则是能在不同工作中应用的能力；自我管理技能涉及个人主动地按照社会目标，有意识地转化控制自己的思想与行为。在职业生涯和人生旅途中，这三种技能都是至关重要的，但专业知识技能的重要性相对较小。可迁移技能，如创新能力、沟通技巧、领导力等，在各种工作和生活场景中都非常重要。自我管理技能则包括情绪管理、时间管理、心理管理等。重视人才培养，就必须重视可迁移技能和自我管理技能的培养，因为这些技能是基础能力，而非专业知识技能。因此，可将两者合称为通识能力。若要定义通识能力，可理解为在不同学科和行业中普遍适用的知识和基础能力。通识能力不在于掌握大量具体知识，而在于掌握学习方法和思维方式，能够自主学习、独立思考。它体现在个人能否自主完善知识结构、提高审美趣味、增强创造性和适应性、促进全面发展。中国自古就有通识教育的传统，以“四书五经”为中心的科举取士教育，在某种程度上类似亚里士多德所指的“自由教育”。中国传统文化中，经典之作广泛涉及宇宙认知、自我评估、顺应命运、掌握角色以及人际关系协调等人生重大议题，这些都是通识教育的核心内容。

2. 通识能力决定职业生涯的高度

在职业生涯的征途中，专业技能决定了起步的阶段，而通识能力则决定了能够达到的高度。人们的一生中可能会多次更换工作角色和行业。单一的专业技能在面对不同的工作环境和行业时，可能无法提供相同的适应能力。我们看到，有些人无论在何种岗位和行业中都能应对自如，而另一些人则在新环境中感到力不从心。

职业生涯中充满了各种复杂的挑战和无数的难题。面对困境时，有人会迅速失去信心，失去前进的动力和对生活的希望，而有人则会越挫越勇，坚持不懈。显然，那些具有更强抗压能力、能在复杂情况下保持初衷的人，更有可能取得成功。因此，通识能力对于职业生涯的成功至关重要，高校应当重视对大学生通识能力的培养。

（二）通识能力培养的重要性

在深入探讨人的能力结构时，武汉理工大学创业学院的首任院长、国内享有盛誉的就业与创业专家赵北平教授曾指出，成功的构成中，可迁移技能和自我管理技能占据主导地位，比例高达 80%，而专业技能虽重要，但仅占 20%。遗憾的是，当前中国的高等教育实践中，约 90%的教学时间被用于专业技能的锤炼，而可迁移技能和自我管理技能的培养往往被置于次要地位，这些至关重要的能力通常仅在所谓的第二课堂中得到探讨，甚至在整个教育流程中并未获得应有的重视。

通识能力，无疑在个人未来的生活轨迹与职业进阶中具有举足轻重的地位。这些能力包括但不限于创新能力、创业能力、沟通能力、表达能力、领导力、资源整合力、写作能力、合作能力、情绪管理能力、时间管理能力以及行业观察能力等，它们与专业技能共同铸就了一个人的专业气质与素养。以行业观察能力为例，它要求个体能够结合专业特性进行深入观察、缜密思考与系统总结，是完成专业培养计划后应具备的核心能力之一。然而，由于当前教学模式通常是每门课程独立开设和教学，学生很难形成一个完整的认知：所有课程加在一起，应该构成什么样的专业修养和专业能力？学生也无法针对一个行业形成有效的观察能力、分析能力和运筹能力。

写作能力作为通识能力的重要组成部分，其重要性不言而喻。对于创业者而言，撰写商业计划书是一项基本技能，它要求具备扎实的语言文字功底、广博的知识储备以及严谨的逻辑思维能力。然而，普通大学毕业生往往难以达到这样的写作水准，这就需要通过系统的训练与实践，使创业者能够熟练掌握这一技能。毕竟，商业计划书不仅是创业者汇报工作、参与竞赛的重要依据，更是获得融资的关键前提。通过不断的打磨与完善，创业者能够逐渐形成具有个人特色的商业计划书。一个能够完整地用商业计划书表达出一个商业项目的大学生，其写作能力应该达到了较高的水平。

然而，提升通识能力并非易事，它需要一个完整且真实的场景作为支撑。遗憾的是，当前的教学模式往往以“专业”为名，将真实的场景割裂开来，将一个完整的知识体系硬生生地分割成多种不同的课程，分布在不同的学期，由不同的教师讲授。这种做法忽略了人的认知的完整性、逻辑性和综合性，导致知识和技能被割裂。事实上，使用单一且连贯的场景能够更高效地培养更优秀、更全面的人才。

将学生置身于项目设计情景与流程中，能够发现其中的独特之处。项目设计首先需要选择一个行业作为依托，这要求学生对该行业有深入的了解与感知，从而能够准确地找到行业问题。在这一过程中，培养学生的行业观察能力便成为一项自然而然的任务。此外，学生需要将设计出的项目反复向他人展示，接受他人的批评与指正，甚至参与辩论。这一过程不仅能够锻炼学生的沟通能力、表达能力与演讲能力，还能够培养他们的创新能力、领导力与资源整合力。将项目设计流程融入所有专业课程之中，既未脱离专业教育的轨道，又是对其的有益补充，为培养高素质专业人才开辟了一条有效途径。

职业道德作为另一种不可或缺的通识能力，在传统教育情境中往往难以得到充分体现。虽然专业培养目标中不乏“培养符合社会主义道德”或“社会主义公德”的表述，但如何在人才培养过程中切实落实职业道德教育却是一个值得深思的问题。许多人认为职业道德教育应通过思想政治教育来实现，然而事实上，思想政治教育与职业道德培养并非完全等同。因此，需要探索更有效的途径与方法，将职业道德教育真正融入人才培养的全过程。

二、“专创融合”与通识能力培养

通识能力对于个人的职业发展至关重要，它决定了一个人能够在职业生涯中达到的高度。然而，通常将大部分的学习时间投入专业技能的培养中，而将通识能力的培养放在所谓的第二课堂中进行，这种做法对人才培养是不利的。高校承担着培养人才的重要任务，迫切需要提升人才培养的质量。尽管如此，往往难以在人才培养过程中更多地融入通识教育的元素，主要原因在于缺乏相应的教学场景。

“专创融合”能够有效地解决通识能力培养的问题，因为它引入或构建了真实的行业场景。在行业场景中的复杂任务面前，团队的协作、市场的挑战、沟通表达的需求等因素，不仅能够增强学生的专业素养，还能够有效地提升他们的通识能力。

（一）创业教育是通识能力教育的综合场景

教育的过程需要有适当的场景来支持，否则，就可能变得空洞无物。通识能力的培养之所以难以与专业教育充分融合，是因为这些能力往往在处理综合性和复杂的问题时才能得到锻炼和提升，这样，学生才能吸收并内化跨专业领域的知识，并将其转化为实际能力，从而学会如何做人、做事。在传统的课堂教学中，很难提供这样的教育场景和成长环境。创新创业教育正是构建了这些所需的综合性和复杂场景，以促进学生的全面发展。

1. 创业(或创新)场景有助于培养可迁移能力

可迁移能力的培养通常无法通过传统的教学来实现，它需要在丰富的实践、挑战和解决问题的情境中培养，而创业场景恰好满足这些要求。以学习能力为例，学习能力是可迁移能力中最受重视的一种。在传统的课堂环境中，学生往往在压力下学习，这种学习往往不关注学生的兴趣、特长、基础和职业目标。在这种学习环境中，存在大量的“应付式”学习和“形式化”学习现象，这对提高学生的学习能力并无帮助。学习能力的培养离不开提高学习兴趣和改善学习习惯。教育工作者都有这样的经验：面对一群学生，如果学生对学习内容不感兴趣，就很难养成良好的学习习惯；相反，那些看似与学习无关的知识和技能，学生往往能在老师和家长的反对下迅速掌握并提升技能。

我们经常看到一些领域的“天才”，他们没有经过系统的学校教育却能成为专家或企业家。实际上，没有经过学校教育并不意味着没有系统的学习和训练。这些学习和训练往往是在兴趣的驱使下，通过自主学习完成的，这反映了学生超强的学习能力。这种学习能力能让学生终身受益，跨越行业的壁垒，在多个行业取得成就。如果要为培养学习能力提供教育场景，这种场景必须尊重学生的兴趣，赋予学生充分的自主权，同时还要面临许多艰苦和复杂的局面，需要学生去克服。显然，基于学生自主选择的创业场景符合这一要求。

学生自发形成的创业团队或创新团队在选择行业和项目、学习技术、开展生产活动、市场营销、管理以及财务预测和风险控制等各个环节都会充分感受到自己知识和能力的不足，从而激发学习的动力。为了实现自己的项目目标，学生需要不断学习、实践、试错和修正。这种在强烈需求驱动下的学习，既能显著提高学习效果，又能显著提升学生的学习能力。企业家往往保持着良好的学习习惯，他们爱读书、爱分享，因此是学习能力最强的群体之一。

2. 创业(或创新)场景中能有效地培养出自我管理能力

自我管理能力是一个人健全人格的核心要素，也是实现自我效能的关键力量。许多大学生在毕业后发现难以迅速适应工作和生活环境，这通常是因为他们在学生时代过度依赖学校和家长的管理，缺乏独立规划学习和生活的经验。在成长过程中，学生很少尝试独立制定支出预算，这最终导致了自我管理能力的缺失。

培养大学生的自我管理能力是高校的重要任务，体现了高校构在人才培养和服务社会方面的基本职能。如果不能培养出具备自我管理能力的大学生，每年数百万的毕业生将难以规划自己的生活、工作和职业生涯，这对社会将是巨大的损失，也难以帮助学生实现自我价值、培养创新精神，提高综合素质。

高校在培养大学生自我管理能力方面面临多种挑战，这包括家庭教育的大包大揽、大学生身心发展的关键时期面临外部环境的巨大变化，以及学校出于安全考虑而不敢放手让学生自主选择成长路径。在这种背景下，学校往往采取“加强管理”的措施，并实现所谓的“网格化管理”。这种管理方式利用网格技术，按照一定标准将管理对象划分为若干单元网格，通过协调机制进行信息交流和沟通，实现资源统一调配、协同管理和全面共享，以提高管理效率和服务效能。简单来说，这是一种全方位、立体化的管理方式，需要全天 24 小时监控学生的状态。在高度紧张的学生管理现状下，很难为学生提供提升自我管理能力的环境和空间。因此，寻找适合培养学生自我管理能力的场景变得尤为重要。

创业场景(或创新场景)就提供了一个既能兼顾学习、管理，又能促进自我成长的理想环境。在创业教育中，学生在老师的引导和关注下，既处于学校的管理下，又需要面对各种任务，驱动他们去发现问题、分析问题、解决问题。学生需要管理自己的团队、研发计划、生产流程、商务谈判、财务和风险等。在这种环境和压力下，学生的自我管理能力能够得到有效的培养。至关重要的是，每个创业团队都有一位辅导教师(指导教师)，他们在教师的指导下逐步成长，确保不偏离正确的成长轨道。这种模式下，教师一年指导一个团队，有助于形成跨年级的学生交流模式，从而营造更加浓厚的校园文化氛围。相较传统模式下一个辅导员管理 200 个学生的情况，这种一对一的指导模式在学生管理上更为有效，也有助于教师和学生之间建立深厚的师生关系。

（二）“专创融合”依托专业教育开展通识能力培养

在“专创融合”的教学模式下，创业场景以专业教育为核心，旨在通过创业实践贯穿人才培养的全过程，以此实现专业教育的目标。我们将重点探讨创新能力、表达能力和职业道德的培养，以展示在“专创融合”背景下大学生通识能力的培养。

1. “专创融合”背景下创新能力的培养

创新能力广泛涉及创新意识、创新思维、创新技能和创新精神。它涉及不拘泥于传统、不盲从他人、不满足于现状，而是能够创造新产品、新技术、新商业模式、新组织的能力。

创新能力与人的好奇心紧密相连。婴儿时期的孩子对世界充满好奇，他们通过尝试新事物来探索世界。然而，在不同的文化背景下，家长对孩子的探索可能会采取不同的态度。中国文化中，家长可能担心孩子在初步探索世界时遇到无法预料的风险，因此可能会限制孩子的行动范围和方式。这种限制可能会持续影响孩子的学习和成长过程。

在传统专业教育中，教师可能会忽视理论的多角度观点、问题的多种解决方法，以及行业中的不同商业模式、发展模式、产品开发模式和技术实现形式。使用单一教材和观点进行教学，并通过标准答案的考试来评估学生，这种方式难以培养学生的创新能力。

在“专创融合”的教学模式中，教师只需明确课程或学科的培养目标，并让学生运用学科或专业中的具体方法去探索和研究具体问题。教师关注的是学生的研究方法、过程和成果。这种教学模式能够培养出观点、方法、兴趣和能力各异的优秀学生。教师甚至可以成为学习过程的“旁观者”，不必担心学生无法掌握理论、工具和方法。

2. “专创融合”背景下表达能力的培养

沟通能力，也称为表现能力或展示能力，指的是个人能够将自己的思想、情感、观点和意图等，通过语言、文字、图形、表情和动作等手段，清晰、明确地传达给他人，并能够使他人理解和掌握。这种能力对于个人的全面发展至关重要，无论是在职场还是生活中，都需要有效地表达自己的思想和意图。

表达能力并非通过传统的课堂教育直接培养，也与专业技能的培养直接相关。表达能力不足会限制个人的成长和职业发展。

在通识能力领域，表达能力主要包括语言表达和文字表达。然而，在传统的教学环境中，这两种能力的培养往往不足。表达能力是学生在未来的职业生涯中至关重要的能力之一，但由于有限的课时和受限的教学条件，这些能力往往难以得到充分的培养。因此，许多大学生甚至研究生在毕业后在撰写工作方案、策划文案等方面存在困难，甚至基本的文件写作能力也不足。

表达能力的现状表明，大学生在校期间缺乏写作和口头表达的机会。为了改善这一情况，需要为学生创造更多实践写作和表达的场景。专业教育作为人才培养的核心，不应将这种责任推给第二课堂，而应在专业教育中承担起培养表达能力的责任。这种培养可以通过“专创融合”的教学模式来实现。

在“专创融合”教学模式下，学生通过运用学科或专业的方法探索和研究问题，或在解决行业、市场痛点的过程中，不断进行交流、分享、汇报和咨询，并用简洁的语言或文字表达问题、过程和成果。这种方式有助于提升学生的语言和文字能力。无论是创新任务还是创业任务，都需要学生进行频繁的路演。路演者需要在不同时间限制下清晰、有条理地阐述自己的项目，并应对老师的提问和质疑。在这种高频率、高压力的环境下培养出来的学生，他们的语言表达能力将得到显著提升。

所有的口头表达都应以规范、完整的文字表达为基础。为了做好路演，学生需要尝试撰写演讲稿，并撰写规范的商业计划书。通过不断练习，他们的文字能力自然能得到提升。值得注意的是，商业计划书或创新任务的研究报告通常具有很高的完整性、逻辑性和规范性，学生在专业学习情境中，通过清晰、有条理的研究并表达市场或行业痛点，可以在学习专业知识的同时，显著提高自己的文字表达能力。

3. “专创融合”背景下职业道德的培养

职业道德有广义和狭义之分。广义的职业道德涉及从业者在职业活动中应遵循的行为准则，涉及从业人员与服务对象、职业与职工、职业与职业之间的关系。狭义的职业道德则是指在特定职业活动中应遵循的、体现一定职业特征的、调整一定职业关系的职业行为准则和规范。不同的职业人员在特定的职业活动中形成了特殊的职业关系，包括职业主体与服务对象之间的关系、职业团体之间的关系、同一职业团体内部人与人之间的关系，以及职业劳动者、职业团体与国家之间的关系。职业道德是社会化大生产时期维系社会生产体系的重要依托，是从业者在工作中应该表现出的基本责任感、忠诚度。它在一定程度上与社会道德水平相关，也会被用于评价社会的道德水平和经济运行的效率。一个社会的道德水平高，职业道德水平也会高，社会的运行成本也会相对较低。因此，职业道德不仅是企业关注的一种基本职业素养，更是社会效率的基本体现，同时也会深深地影响每个人。

在“专创融合”项目设计过程中，团队成员会遇到许多难题，也会经常遇到意见不一致的情况。团队成员必须学会倾听、学会配合、学会妥协，学会在团队利益最大化前提下兼顾各自的诉求。如果有人在最艰难的时刻，选择退出、搅局，就一定会被团队不信任和受到教师在学分、成绩认定上的惩罚，从而使团队成员的课程评价与道德评价被进一步结合起来。

参考文献

[1] 王永钊，程扬．职业院校“专创融合”教育探索与实践[M]．北京：中国商务出版社，2023.04.

[2] 徐自远，蔡妍娜．“专创融合”职业学校创新人才培育理论与实务[M]．北京：北京理工大学出版社，2023.05.

[3] 李建，王春梅．学前教育专业五育融合课程双创教学指南[M]．2023.03.

[4] 许祥鹏，何辉．高等职业教育新形态一体化教材创业基础创业知与行[M]．北京：高等教育出版社，2023.03.

[5] 曲海洲，徐莉君．创新创业教育“专创融合”教育与实践[M]．北京：机械工业出版社，2022.03.

[6] 韩雪峰，王晓梅．安全科学与工程类高层次人才创新创业“专创融合”实践教程[M]．北京：机械工业出版社，2022.08.

[7] 陈吉胜，韩红．高等职业教育新形态一体化教材创新思维与创业基础[M]．北京：高等教育出版社，2022.09.

[8] 盖庆武，余闯；林海春，邱旭光，郑君山副主编．高职创新创业教育二十年探索与实践[M]．长春：吉林大学出版社，2022.11.

[9] 常涛，徐晖，李冉．高职院校专创深度融合创新实践[M]．北京：中国纺织出版社，2022.05.

[10] 陆群，陆勇．职业教育校企双元合作开发创新型教材创新创业教育融媒体版[M]．北京：北京师范大学出版社，2021.06.

[11] 张文锋，谷方杰，刘磊．大学生创新创业链式教育教程[M]．沈阳：东北财经大学出版社，2022.07.

[12] 于振邦．基于工作室的应用型本科创新创业教育模式研究与实践[M]．青岛：中国海洋大学出版社，2022.06.

[13] 王雪梅，许志强，郝雯婧．智媒时代传媒人才双创教育多维融合路径研究[M]．重庆：重庆大学出版社，2021.03.

[14] 鞠红霞. 职业教育教学改革丛书产创耦合“专创融合”基于企业一线问题库的高职双创教育研究与实践[M]. 北京：北京理工大学出版社，2022.08.
[15] 陈勇，苗英荟，王海利. 项目主导“专创融合”的教育实践与探索[M]. 沈阳：沈阳出版社，2021.10.
[16] 张超，张育广. 双创教育与双创空间探究[M]. 广州：广州暨南大学出版社，2021.08.
[17] 潘志娟. “专创融合”并进师生协力创新苏州大学纺织服装创新创业案例集[M]. 北京：中国纺织出版社，2021.05.
[18] 黄兆信. 中国高校创新创业教育质量评价研究[M]. 北京：人民出版社，2021.03.
[19] 孙迎春. “专创融合”助力现代职教创新发展[M]. 武汉：湖北科学技术出版社，2020.08.
[20] 舒良荣. 创新创业教育[M]. 福州：福建教育出版社，2020.08.
[21] 梅伟惠. 高校创业教育的组织模式与运行机制创新研究[M]. 杭州：浙江大学出版社，2020.07.
[22] 方敏. 教育创新[M]. 北京：首都师范大学出版社，2019.02.
[23] 中国高校创新创业教育联盟，中国高校创新创业教育研究. 创新创业创造释放教育新动能[M]. 北京：清华大学出版社，2019.12.
[24] 宁钢，冯浩. 人才培养与教学改革[M]. 南昌：江西高校出版社，2018.10.
[25] 邹一琴，郑仲桥，鲍静益. 应用型本科人才弹性力培养[M]. 南京：东南大学出版社，2018.10.
[26] 刘春光，唐小艳. “湖南智造”背景下高职“双元双创”人才培养模式研究与实践[M]. 成都：西南财经大学出版社，2019.09.